广西一流学科——民族学学科建设经费资助

广西高校人文社会科学重点研究基地
——中国南方与东南亚民族研究中心经费资助

广西壮族自治区"广西与东南亚民族研究"
人才小高地经费资助

"广西特聘专家"专项经费资助

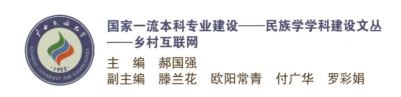

国家一流本科专业建设——民族学学科建设文丛
——乡村互联网

主　编　郝国强
副主编　滕兰花　欧阳常青　付广华　罗彩娟

乡村互联网系列丛书

互联网进村

广西灵山汉塘村苗木电商产业发展研究

方坤　等著

2021 年度广西民族大学校级科研项目
项目编号 2021MDSKZD05

民族出版社

总　序

中国长期居于世界农业人口规模行列，乡村是理解中国及其政治、经济、社会、文化等各个领域的关键，因此人类学/民族学引入中国后，乡村便成为研究的焦点。早在 20 世纪 30 年代末至 40 年代初，费孝通就撰写出《江村经济》《云南三村》《乡土中国》等经典著作，以及根据他和当时云南大学同事们的乡村调查研究成果编译的英文著作 *Earthbound China*（《土地束缚的中国》）在国外出版，提出了著名的"乡土中国"理论。此后，乡村一直被人类学家和民族学家作为重点调查研究对象，开展了多视角、多领域、多议题的调查研究，积累了蔚为壮观的学术成果。

进入新时代后，互联网迅速从城市向乡村延伸。据中国互联网络信息中心（CNNIC）发布的《2022 年中国农村互联网进展状况调查报告》显示，截至 2022 年 12 月底，中国农村网民已经达到 10681 万人，首次超过一亿，而且网民规模仍在持续增长。互联网在乡村的逐渐普及，悄然改变着乡村的面貌和村民的生活，从村民的信息获取方式和范围的变化、互联网经济的生长，到乡村的社会转型、文化变迁、基层治理模式创新，有力推动乡村振兴和乡村现代化进程。

郝国强教授及其团队继承广西民族大学人类学和民族学的优良传统，凭借青年学者的锐气和活力，敏锐地捕捉到乡村互联网发展这一新动向、新趋势，及时地把我国互联网人类学研究从虚拟社区转到现实社区、从城市转到乡村，并运用人类学的学术理念和研究方法，调查研究互联网在乡村的应用及其社会文化意义，形成一批较为系统的研究成果，编辑成《乡村互联网系列丛书》出版。

这应该是国内学界第一套运用人类学的理论和方法研究互联网与乡村社会文化的丛书，其开拓创新意义无需多言，其有待提高深化之处也在所难免。我真诚希望，郝国强教授及其团队再接再厉，继续推进乡村互联网人类学研究，不断强化问题意识、深化田野调查、提升分析水平，推出具有学术创新意义和实践应用价值的学术成果，为助力乡村振兴、中国式现代化及人类学和民族学的发展，做出更大的贡献！

何　明

2023 年 7 月 7 日草于昆明东效寓所

前　言

　　互联网信息技术尤其是网络电商、直播平台等进入农村后，极大程度地改变了农民原有生产生活方式，成为乡村现代化重要推动力量。为了解"互联网进村"的实践逻辑，探究互联网信息技术对于乡村社会的改变过程，本书课题组一行 4 人于 2020 年 7—8 月、2021 年 7—8 月，先后在广西灵山县武利镇汉塘村进行了两次驻村田野调查，累计近 120 天，共访谈 60 余位村民和相关经营者，并对与汉塘村电商产业密切相关的"阿里巴巴""京东""拼多多""一亩田"等多个电商平台进行实操了解，获得了丰富的一手调研资料。

　　汉塘村享有"广西灵山县电商第一村"之美誉，该村借助电商渠道进行苗木销售，不仅拓展了原有苗木市场范围，而且对村落产业链和村民日常生产生活都产生了较大影响。通过对汉塘村苗木电商产业发展历程及其社会效应的梳理，有助于我们理解电商产业与乡村振兴之间的内在关系。汉塘村村民立足该村独特的苗木产业基础，抓住电商下乡契机，不仅有效实现了传统产业的流程再造和信息化升级，而且极大丰富了乡村现代生活形式和内容。电商下乡后，"线上劳动"成为村落苗木产业不可或缺的重要内容。随着农产品电商规模经济效应不断凸显，物流、信息、道路等基础设施得到改善，金融支持力度也不断加大，苗木电商专业市场体系初步形成。在苗木电商发展过程中，网店装修、在线沟通、线上线下整合等网络空间表意能力成为影响农民电商发展的重要因素，由此造成村落内部农民电商群体的分化。这种"线上农民"分化，受到线下苗木产业规模的影响，进而演变为村落内部少数大户与多数散户的基本格局，大户带货、散户跟风成为村内苗木电商销售的基本规则。无论是大户或散户，都面临着各种电商平台的约束，苗木线上销售高度依赖电商平台带来的流量资源，由此形成一种平台支配下的新型依附关系和分利秩序。苗木电商的发展实现了村落共同致富，也带来了乡土社会的全方位重构，在村民生活习惯、社会治理、文化教育等方面都发生着显著变化。通过对这一案例的剖析，有助于我们理解互联网对农村的巨大推动力。

目　录

1

第一章

汉塘村概述

第一节　村落自然生态

一、行政归属与地理概况

《灵山县志·舆地》载："灵山地脉，自峰子岭起伏而来，至县治大开阳面，一望平衍。北障龙池，南列虎榜，东蟠罗阳，西耸石六；环秀、鸣珂二江绕其前；罗伞特立，诸峰锁其下。此为一邑之形胜。"[①]自古以来，灵山县便是钦廉片区重要组成部分，其拥有得天独厚的自然资源和人文环境，因此农业发展具有优势，并且在经济发展中占重要地位。武利镇是灵山县农业、商业发展的重要镇区之一，自清朝时期，武利圩是灵山县内主要商埠，商业贸易频繁。如今，武利镇在丰富农副土特产品生产的同时，大力发展成为工业强镇，下辖的汉塘村更是通过互联网力促电商发展，背靠地理位置、自然资源的优势，结合农业技艺发展，打开果苗培育产销的互联网商业渠道。

汉塘村位于广西灵山县南部，村域占地2899亩，属武利镇管辖，距集镇10公里。村委下设良家、大禾塘、新安坪、旧村塘、新村坡、山子塘、旧屋塘、旧模、岭尾、汉塘一队、汉塘二队、板桥、那宝山等13个村民小队。村域北起良家队，南至山子塘队，东达汉塘一队，西抵旧屋塘。

---

① 陈准、黄元基纂修：《灵山县志（乾隆二十九年）·舆地（卷一）》，载故宫博物院编《重修北流县志　钦州志　灵山县志》，海南出版社，2001，第6页。

汉塘村自然资源丰富，地处低纬度，属南亚热带季风气候，适宜发展如香蕉、龙眼、荔枝、芒果等产业。地下水资源丰富，为农业生产提供充足的灌溉水源。地理位置优越，处在武利镇区、伯劳镇、新圩镇、檀圩镇、那隆镇之间，位于清凭高速、六钦高速、兰海高速、柳北高速形成的长方形高速网格中，北连310省道，南接326省道，090乡道从村中经过，交通条件相对较好，能快速进入当地立体交通网络，实现物资顺畅衔接、转运。

该村拥有近五千的农业人口，深入农业种植生产、农业文化体系传承创新发展，依托传统苗木种植技艺，在血缘、亲缘、业缘传承中对苗木种植在内的农业生产进行技术创新、结构创新，并逐步推动农民职业分化。凭借广西北部湾经济区投资优势，作为互联网农业发展载体，为北部湾与我国内陆交通互联、文化互通、网络经济互动供能。

二、自然资源与农业经济

（一）自然资源

1. 土地资源

灵山县境总面积为3558.576平方公里，折合5337864亩，其中耕地面积759389亩，占总面积的14.35%。在耕地面积中，水旱田648838亩，旱地110551亩；武利镇全镇有耕地38822亩，其中水田30651亩，旱地8171亩。汉塘村耕地面积2899亩，其中水田1806亩，旱地1093亩。

2. 水资源

总体而言，灵山县水资源较为丰富。降雨方面，灵山县的多年平均降雨量为1627.4毫米，陆屋水文站实测多年平均降雨量为1730毫米，灵东水库建库后的实测年均降雨量为1603毫米；最大降雨量是1961年的2434.3毫米，最小降雨量是1989年的866.2毫米；径流方面，陆屋水文站实测多年平均径流为833.4毫米，据此计算全县多年平均径流总量是33.6亿立方米。

地下水量源于降雨所产生的地面径流（地表水）的渗入，天然水体及水利化后的回归径流等的入渗补给，以及地下河流来水而成。从县境内的河流现状来说，全县地属水资源发源地，并且未发现有任何地下河流，对地下水情况也缺乏探测。因而，县境的地下水储量只能依据上述情况进行近似计算。全县地下水储量约为 7.3 亿立方米（多年平均储量）。

流经武利镇以及汉塘村附近的南流江河系的武利江、洪潮江和大风江河系的平银河年集雨面积达 944.5 平方公里，年平均降雨量 1690.4 毫米，年径流量 993.1 毫米，地面径流量 9.38 亿立方米，年平均地下水储量 1.87 亿立方米，年平均水资源总量 11.25 亿立方米。

3. 动植物资源

灵山县内野生动物有 5 类 9 科，约 113 种，列为国家重点保护的有老虎、豹、穿山甲（地鳞）、猫头鹰、白鹤、青蛙、山龟、金钱龟。因城市发展，动物资源逐年减少，少部分只在山区出现，其中兽类较为罕见，常见鸟类有 31 种，爬行类 21 种，两栖类 3 种，鱼类 7 科 18 种以及昆虫类。

灵山县内植物种类计有 18 科 83 种，其中珍贵植物有紫荆木（扫把木）、蚬木（铁树）、火力楠等。用材植物主要有松、杉、椎、樟、荷、桉树、枫木、梧桐、桐油、油茶、相思、乌桕、苏木、木麻黄、鸭脚木、毛竹、单竹、角竹、甜竹、大竹、湿竹、马蹄竹、船篙竹、广宁竹、米稔竹等。药用植物资源丰富，种类繁多，其中淮山产地以北部、中部为主，其既可食用，又可入药，其功能为健脾胃、补肺肾。工业原料植物主要有香茅草、水草等。食用植物有凉粉草、甜竹笋等。食品加工植物有荔枝、龙眼、柑橙、杨梅、杨桃、三华李、黄榄、柠檬、油柑、酸梅、李子、芒果、柿子等。[①]

（二）农业作物与经济

南部低丘粮、蔗、果区位于县境南部，包括武利、伯劳、文利 3 个镇 55 个行

---

① 灵山县县志编纂委员会编《灵山县志》，线装书局，2019，第 51—52 页。

政村，是全县人均耕地最多的一个区。该区气候温和，雨量充沛，耕地面积较多，但土层较浅薄，土壤养分不足，产量不高，低丘山岭多，宜种柑橙、荔枝、香蕉、菠萝等多种水果。汉塘村根据其地理条件和气候因素，20 世纪 90 年代大量发展香蕉产业，后因香蕉病虫害因素较为频繁，改为种植荔枝、龙眼等水果。在苗木电商产业的迅速推动下，目前依赖粮食、水果作为经济收入的农民也逐渐减少。

1. 农业种植方式与技艺

良种的选育与推广，是促进各种作物增产的内在因素。汉塘村在长期从事种植业的实践中，迎合市场需求，注重良种的选育和新产品的推广，并加强种植管理，引进先进技术，提高了产品成活率和作物单位面积产量。

与我国大部分农村一致，汉塘村的农业种植经历了传统种植方式向借助现代化技术手段种植发展。20 世纪 80 年代以前属小农经济时期，汉塘村从事以种粮为主的农业生产活动，利用人工培育种植手段辅以牲畜、金属器具的使用作为普遍生产技艺，种植技艺依靠家庭代际传授。通过自行留种和购买育种公司的种子进行农业生产，此时还处于自给自足和售卖小部分剩余粮食为主要经济收入。

1980 年后，市场经济体制不断扩大开放，有部分村民逐渐将果树种植、经济林木种植、果苗培育种植纳入其农业生产领域中，依靠优越的自然条件，在自行考察市场需求之后进行相应的生产调整。种植方式仍以传统人工劳动力为主，辅以专业知识与技术指导，如在苗木培育方面学习先进的嫁接手段，化学肥料与农药逐渐被使用，实现农业种植产品多样化，农业生产技艺升级，逐步踏入农业商品市场，增加家庭经济收入。互联网的兴起和发展，除了影响城市生活，同样对汉塘村农业生产产生巨大影响。

自 2008 年起，汉塘村出现先行带动效应，通过互联网电子商务平台进行农业产品销售，村民逐渐认识到自给自足的粮食生产不能满足当下的生产和经济需要，于是开始借助网络手段了解外部市场需求，逐渐转向苗木培育种植和网络销售新模式。互联网带来的不仅是销售渠道扩宽和种植品种更新的影响，还能让农民们学习最为先进的种植方式和生产技艺，并且结合良种的选育和新产品的推广，在生产模式日趋完善的同时对职业进行分化，加强产销管理，推动经济收入不断增长，缩小城乡差距。

2.农业在村民生计中的比重

汉塘村作为我国的行政村之一，与广大农村的发展历史与路线基本相同，农业作为其经济生产方式与收入来源占主导地位。汉塘村位于桂东南地区，土壤肥沃，水系发达，适宜种植稻米、水果以及培育苗木等农业经济作物。该地村民利用优势在土地上进行农业劳动，除满足家庭生存外，并通过个体销售模式对外零售剩余农业产品，增加家庭经济收入。受我国改革开放影响，深圳经济特区的设立和发展吸引了大批劳动力外出务工，增加家庭经济收入与获取时讯的同时，因劳动力的外流造成从事农业生产人口急剧减少，农业在村民生计中的比重逐渐降低，但仍有大部分中老年人和妇女从事农业活动。

直至 2008 年，汉塘村青年 HZW 利用传统苗木种植市场和互联网购物相结合的方式为当地苗木销售打开一条新渠道，并带领部分村民学习和摸索关于电商平台的规则和使用方法。在日趋成熟的电商环境发展和客观的经济收入吸引下，越来越多的村民返乡创业，通过互联网电商平台进行苗木销售，逐步形成完善的苗木产销体系。多主体参与推动苗木产业持续发展，通过职业分化等方式增加农业生产人数，完善农业生产技艺与方式。

截至 2022 年底，汉塘村村民主要收入来源以种植业和电商产业为主，苗木产销、粮食种植、水果生产、经济林木种植的人数超总人数 80%，农业在村民生计中的比重逐年上升，所带来的积极影响不仅是经济收入增加，还促进了农村基础建设、基础教育、医疗养老等方面向好发展。

第二节　村落人文生态

一、村落历史沿革

汉塘村位于灵山县南部，是典型的汉族人口占多数的多民族融合组成的村庄，该村自古以来使用的方言有两种，即白话（粤语广府片 ①）、灵山话（粤语钦廉片 ②），使用方言的异同也为灵山县各行政区域的划分提供了依据。

关于灵山县行政区域的划分，在明代以前无史料考据。自明代起，县以下的行政管理机构称为里，全县划为 30 里；成化八年（1472 年），将 30 里合并为 24 里；嘉靖元年（1522 年），又并为 22 里；康熙九年（1670 年），沿袭明制，全县编户为 22 里，领一坊 16 都；乾隆年间，编户仍为 22 里，划分一坊 15 乡，乡领 17 都 22 图，339 个村落；嘉庆以后，沿用治安区域划分，县以下称为练，即团练建制，各地皆办团练，县以下称为练，汉塘村属武利练；民国元年至民国十五年（1912—1926 年），灵山县仍沿用团练建制，全县共分 18 个练，汉塘村仍属武利练；民国十六年（1927 年），开始废除团练建制，改设区乡，改制工作于民国二十年（1931 年）结束，汉塘村属第八区；民国三十年（1941 年）10 月 1 日，实施新县制，全县设立 4 个区，调整合并部分乡，汉塘村属第四辖区；民国三十六年（1947 年），全县划分为 60 个乡（镇）620 个保 6125 个甲，汉塘村属武利镇；1949 年 12 月，汉塘村所在的灵南特区被划分给合浦县管辖，1950 年 1 月 10 日归还灵山县管辖并取消特区名称，改称灵山县第六区；1951 年 2 月 15 日，灵山县行政区划又作全面调整，汉塘村属第十区，驻地位于武利圩；1952 年 7 月，根据广西省钦州地区专员公署核定，以及县内地理环境、人口分布、民族民情、县行政区划再作调整，汉塘村仍属第十区，驻地位于武利圩；1957 年 9 月，灵山县人民委员会根据上级指示，撤销 15 个区，将 204 个乡（镇）合并为 30 个乡（镇），汉塘村属武利乡；1958 年 9 月，灵山县全县农村实现了人民公社化，先后成立 16 个人民公社，撤销乡，实行政社合一，汉塘村属武利人民公

---

① 广府片：又称"粤海片"，主要通行于以广州为中心的珠江三角洲，粤中以及粤北部分地区。广西的贺州（大部分）、玉林、梧州（部分）、贵港（部分）、北流、容县（部分）属于广府片，香港、澳门所通行的粤方言（广东话）也属于广府片。这一片区是整个粤方言的大本营，以广州话为代表，在粤方言中影响最大。

② 钦廉片：主要分布于广西壮族自治区的东南隅，包括北海市（城区大部）、合浦（大部）、防城港市（市区）、东兴（部分）、上思（小部）、钦州市（城区）、灵山、浦北（大部）共 8 个县市，使用人口约 390 万。

社；1958 年 10 月 16 日，又将 16 个人民公社合并为 5 个人民公社，汉塘村属灵南（武利）人民公社；1959 年 4 月 1 日，将 7 个公社调整为 13 个公社，汉塘村属武利人民公社；1984 年 9 月，撤销人民公社，恢复乡（镇）政权建制，公社管理委员会改称"人民政府"，村民委员会改称"村公所"；1994 年 1 月 1 日，全县实现镇建制，行政区划稳定发展至今，汉塘村委会属武利镇管辖。

汉塘村在历史发展的长河中，因其强烈的宗族观念与亲缘结构相互作用，形成了以黄、梁、覃三大本土姓氏为主的村庄姓氏组成结构。具体姓氏迁居历史已无从考究，但该村同一姓氏分布情况较为清晰，一般一个自然村（村民小组）由一至两个姓氏组成，如汉塘小组均由黄姓组成，该村"电商第一人"HZW 便是此小组的村民。随着社会发展变迁，嫁入的外来姓氏也影响了该村姓氏组成结构，村内外的嫁娶造成亲缘互动，"一组一姓氏"已被模糊化，但稳固的血缘、宗族关系仍是维系村庄人际发展的重要因素。

二、村落姓氏与宗族构成

谈及宗族，便绕不开英国人类学家莫里斯·弗里德曼（Maurice Freedman）对中国宗族组织和社会的调查讨论，他从乡村农业社会角度研究宗族，在村落及地方社区关系基础之上建构其一系列有关中国宗族的概念定义。弗里德曼同时区分了中国的"散居宗族"和"高级宗族"，散居宗族的核心就是"村落宗族"，而高级宗族则是由若干个村落宗族所组成，拥有祠堂或其他共同财产。[①]

由此看来，汉塘村是由多个散居宗族结合组成的高级宗族，村落姓氏在其中起着核心作用。该村以"黄、梁、覃"为主体的三个姓氏，决定了高级宗族分别是黄氏宗族、梁氏宗族和覃氏宗族。这些宗族在改革开放以前均设有祠堂，后因多种因素祠堂遭到破坏或是被族人所淡忘，现只有部分公共土地作为宗族的共同财产。弗里德曼认为，村落社会存在着广泛的职业分化，乡村社会存在着权力地

---

① 莫里斯·弗里德曼：《中国东南的宗族组织》，刘晓春译，上海人民出版社，2000，第 1—7 页。

位和财富的社会差异，这种社会分化促进了宗族分支，社会分化是宗族分支的基础。[①] 此观点在汉塘村也得到部分证实，起初村里从事苗木电商产业的多为黄姓族人，原因在于该村苗木电商市场是由汉塘村民小组的 HZW 摸索和开拓的，并以血缘、亲缘、族缘关系带动宗族内部其他人的发展。笔者在调研时得知，汉塘村多数村民认为黄氏宗族的人比较富有，这也体现出村落姓氏与宗族对村民经济发展的影响。

2021 年第七次全国人口普查数据显示，汉塘村共有农户 1079 户 4832 人。随着新时代的不断发展，越来越多的村民重视知识的学习和积累，村民文化水平在广西各乡村中处于中上等水平，大部分人掌握智能手机、电脑等电子科技产品的用法，并能充分利用现代科技手段提高个人收入。除个人思想不断提升外，宗族在教育方面也起到一定作用，例如人们没有足够的经济能力继续接受教育，宗族内部则会联合开展帮助。并且，高学历人口占比较高的宗族往往更重视后代的教育问题，这也在无形地推动宗族内部甚至是村落的持续发展。

三、村落通婚圈与亲属关系

在乡土中国环境下，发展与扩大亲属圈最直接的方法就是通过婚姻互相联系与往来。汉塘村是以汉族为人口多数的村落，传统生产生活环境中，村民对内建设与对外发展的渠道来源于血缘和亲缘之间的相互协作。在互联网苗木电商产业影响下，业缘也逐渐成为村落对外发展的手段之一，但通过原有宗族及通婚建立的亲属关系仍最为稳定。

除小部分外出工作的村民外，绝大多数汉塘村村民在婚姻选择上仍将其通婚范围集中在周边乡镇。经笔者调查得知，语言相近、便于沟通是做出该选择的理由之一。此外，周边乡镇与本村某些村民有亲缘关系，经中间人介绍后通婚结合，能有效利用双方人脉关系，扩展经济收入渠道。受我国沿海经济建设需要的

---

① 莫里斯·弗里德曼：《中国东南的宗族组织》，刘晓春译，上海人民出版社，2000，第 66—77 页。

影响，很多低学历青年在达到外出务工年龄后会结伴南下务工，主要集中在深圳、广州、珠海等地。因外出务工人数多，抱团发展和相互照应成为趋势，务工青年通过"老乡会"等方式结识新同伴，更多人借助"老乡会"与适龄异性进行深入交往，与老乡结婚成为绝大部分外出务工青年的选择。其优点在于，一是在外地务工时，老乡之间能得到互相照应，二是在学历和认知上较为匹配，因成长环境相似，在生产、生活、娱乐等方面的价值观较为契合。

汉塘村作为一个人口大村，自古以来村内各宗族互通有无，特别是1980年以前出生的村民，因经济、交通以及家庭因素，很多村民选择在村内进行通婚，目的在于增强各宗族之间的亲属关系，有效地构建一个和谐的生活环境。其特点在于，村内通婚是血缘与亲缘的重叠，更利于村内团结发展，防止外来者对村落政治发展造成影响。并且较为独特的是，1980年以前出生的村民通常会在婚后进行分家，即对财产和土地等物质生产条件的脱离划分，但"80后"却极少在婚后分家。笔者通过调查了解到，在农业产业和技术发展前，人均收入较低，只能通过分家分地的方式发展小家庭，如不分家，每个人的收入都要统一归入大家庭中集中计划使用，并不利于小家庭的发展。苗木电商产业发展后，需要投入更多的人力、物力、财力，这是小家庭所不能提供的。因农村土地三十年政策不变，很多在第二轮土地承包制之后出生的村民都没有分到新的土地，如果在现有土地面积的基础上再进行分家，只会造成土地零散化，不利于经济发展。

四、村落节俗与仪式

在快速发展的社会中，村落是各种传统节日习俗和仪式得以保存的基本空间。灵山地区由于宗族形态发育较好，由宗族主导的各种节俗和仪式，不仅能促进村内人际关系团结向好，更能保存独特的民风民俗。

旧时，灵山县每年有十多个传统节日，至今大多数的节日不仅保留，而且比过去更热闹，显得更有生气。春节作为我国的传统节日，在汉塘村同样受到重视。春节期间，除家人欢聚之外还开展丰富多彩的文体活动，一般有舞狮、舞龙，还有拔河、赛跑等。笔者经调查得知，几年前村内还有"演大戏"[①]的活动，但近几年由于新娱乐方式的出现，对传统娱乐项目产生冲击，"演大戏"逐步淡出了人们的生活。由于春节时间较长，农家男主人一般会在此期间修整犁耙，并考虑何时浸种、种作物、管理果树等苗木。较为独特的节日是"岭头节"，又叫"跳岭头"[②]，汉塘村一般在农历八月二十一日举办，因为节日当天有"跳岭头"看，所以来客尤多，男女老幼熙熙攘攘，非常热闹。时至今日，"岭头节"已经逐渐演变成家庭聚会的节日，"跳岭头"活动逐渐减少，村落中的民俗文化内容被人们淡化，节日氛围也逐渐淡薄。

随着社会不断变迁，汉塘村在婚丧嫁娶等方面的仪式也发生了重大改变。中华人民共和国成立前，受封建婚姻制度的束缚，男女结婚须遵"父母之命、媒妁之言"，妇女还要遵循"嫁鸡随鸡飞，嫁狗随狗走，嫁着木头坐定守"的信条，所以给许多家庭造成不幸。同时，婚姻礼俗繁琐，须依"六礼"进行：一问名、二订盟、三纳彩、四纳币、五请期、六大礼。中华人民共和国成立后，封建婚姻制度被废除，自由婚恋成为主流。现在村落内结婚办喜酒，某些村民还沿用旧时惯例、程序，即"开酒""正酒""散酒"，前后共三天。旧时村内丧葬仪式较为复杂，需经历送终、沐浴、入殓、守灵、挖穴、出殡、埋葬等步骤，中华人民共和国成立后，丧葬有了一些改革。特别是近年来，逐步用遗像代替灵牌，用花圈挽轴代替焚香摆供，用戴黑纱、白花代替披麻戴孝，宗族内每家出人出力帮主家办好仪式。丧葬中的迷信活动也有所减少。但汉塘村内仍流行一句谚语："白事不请自来，红事不请不来。"这也体现了村落内对丧葬仪式的重视程度。生育、祝寿等仪式与其他汉族地区较为相似，不作赘述。

---

① 演大戏：灵山本地农村有在逢年过节邀请戏班进行庆祝的传统，主要是正月十五配合祭祖、游神仪式演奏烟墩大鼓，清明祭祖演奏本地采茶调。

② 跳岭头：桂南钦州一带汉族民间传统节庆习俗。多在中秋节前后十余天内举行，个别地方在农历三月或十月间。为当地仅次于春节的节庆活动。因其活动多在村边岭上举行而得名。届时，各村屯竭塘捕鱼，家家户户宰鸭设筵，祭祖敬神。同时还请"岭头队"（师公）到村边岭上进行舞祭活动。师公戴着面具，表演"抛偈"（舞蹈）和"唱格"（歌舞）；一些地方还兼有武术和"斗法"（民间魔术）表演。

五、村落宗族关系与村级政治形态

在人类学的研究领域中，学者在对村落相关历史脉络、发展与变迁等方面研究时，不可避免地关注政治变迁过程以及社会文化因素在政治活动中所起的作用，将村级的政治形态与现象，置于广泛的社会文化系统和宗族关系中进行整体观察，探讨村落宗族文化是否对村级政治特别是村落选举构成影响。

汉塘村存在异宗、异姓等现象，以姓氏划分氏族是一种常见的手段，而宗族又在氏族的基础上进一步巩固。宗族内部团结具体体现在三个方面：一是族内重大事件的决策上，通过宗族内选举一名"房支头人"①与目前该族内其他辈分最高的男性族人共同商讨决策，"房支头人"一般由辈分最高或是年龄最大的人担任；二是婚丧嫁娶上，本宗族内的婚丧嫁娶每家至少需派出一人到场协助主家从事仪式工作，通过往来与帮助增强关系牢固性；三是经济扶持上，宗族内如有需要在经济上被帮助的人，族内其他人会通过"房支头人"的组织对有需要的人进行扶持。笔者所了解到汉塘村内有一梁姓人家，因其家庭遭受巨大变故造成贫困，但该梁姓人家的子女需要接受继续教育，苦于经济困难被迫辍学，梁氏宗族了解到情况后组织族内有一定经济能力的人进行捐款，帮助其顺利完成学业。

在村落自有权威体系之外，带有政治权威属性的村民委员会（以下简称"村委会"）是中国大陆地区乡（镇）所辖的行政村的村民选举产生的群众性自治组织。村委会是村民自我管理、自我教育、自我服务的基层群众性自治组织，村干部的产生依赖民主选举。由此可见，村干部的委任寄予了村民的重托，选举时为实现村内事务公平公正处理，不能全部委任同一宗族或同一姓氏的村民，应以村民自治的实际需要进行选举。汉塘村以"黄、梁、覃"三姓作为大姓，所产生的村干部较大几率来自这三大姓氏，便于村委会开展工作，亦便于村民实行自治。村委会联合各宗族"房支头人"，征集村民建议，共同制定了《武利镇汉塘村村

---

① 房支头人：即宗族之下分支的族长。在分支中担当"首脑"地位的人，一般是该分支地位最高的那一个，通常由辈分高、年纪大、能力强的人担任。

委村规民约》，这体现了汉塘村自有权威体系和政治权威体系相结合。与其他众多村委会相比，较为独特的是汉塘村村委会还联合苗木电商产业协会为村民开办互联网电商发展等相关知识的培训，对村民苗木电商产业发展提供有针对性的服务，促进村级产业发展。

村干部对内履行工作职责，对外起到沟通与上传下达的作用。依据我国《村民委员会组织法》第三条明确规定："乡、民族乡、镇的人民政府对村民委员会的工作给予指导、支持和帮助，但不得干预依法属于村民自治范围的事项。村民委员会协助乡、民族乡、镇的人民政府开展工作。"截至2022年底，汉塘村共有六名村干部，其中女性一名，梁姓村干部占三分之二。武利镇人民政府对汉塘村村委会的指导主要体现在政策指导、组织指导、工作指导上。另外，汉塘村村委会协助镇人民政府开展工作，主要体现在政策宣传、按时完成依法布置的各项工作、及时反馈村民的意见和建议等。汉塘村能发展成为"电商第一村"也离不开村、镇积极协同开展申报、宣传工作。近年来，武利镇人民政府先后筹集资金200余万元，硬底化全村道路18公里，改善电商物流运输环境；在镇党委、政府的关心支持下，村委成立了"水果生产流通协会""电商超市"等，为汉塘村创新管理模式、建立电商管理数据库、加强对农户果苗种植及销售的技术指导和市场服务，提供强有力的支持与保障。

第三节　村落互联网生态

随着我国在现代科技和互联网领域的快速发展，以电子商务和农村实体农业销售渠道的深度融合开创的"互联网＋农业"全新生态是我国乡村经济发展的主要方式之一。近年来，农村电商产业逐渐发展壮大，对农村生产生活方式、农业组织方式、小农户协作方式都产生了深远的影响，尤其是多类别电商平台如雨后春笋般出现，逐步改变了村民的生活方式、生计方式和消费方式。

一、村落"触网"历程

农村电商是通过网络平台链接各种服务于农村的资源，其能够扩展农村信息服务业务、服务领域，构筑紧凑而有序的商业联合体，降低农村商业成本、扩大农村商业领域。汉塘村被称为"灵山农村电商第一村"，这个荣誉承载了整个乡村对互联网电商产业致富道路的不断摸索和创新。现如今，汉塘村村民将互联网技术烂熟于心，通过农村电商平台进行苗木销售，增加就业机会和获利手段，使"城归"①越来越多。汉塘村"互联网 + 农村电商"销售体系由此经历了涉农电子商务的兴起、农产品电子商务和农村电子商务成型等三个发展阶段。

"网吧"作为 20 世纪末伴随着计算机和互联网技术的快速发展出现的一种新兴产业，是一个主要提供互联网连接服务的公共场所。传统"网吧"的开设主要依据该区域人流量、消费水平和消费认知等因素。汉塘村是一个人口大村，人流量大，并且很多青年人外出务工曾经接触互联网相关知识，这个群体大部分人返乡后携带大量资金，想要通过互联网了解外界信息以及满足自身对潮流追随的需要。正是基于以上因素，汉塘村在 21 世纪初陆续开了四家"网吧"。但此时人们对互联网的使用仅限于交友、打游戏和其他娱乐活动。2007 年，受金融风暴影响，被迫返乡的汉塘村青年 HZW 回到老家协助父母从事农业劳动。他结合在外务工的经验和返乡后对互联网的使用，发现网上可以卖衣服、鞋子，于是便思考能否通过互联网售卖家中的苗木。HZW 向亲友借钱买了一台二手电脑在家创办网店，这一举动开启了汉塘村互联网销售苗木的新模式。

依据农村电子商务发展的阶段性特征并结合与之相关的政策性文件，我国农村电子商务发展演化历程可以划分为涉农电子商务阶段、农产品电子商务阶段、农村电子商务阶段。在 HZW 的带领下，许多村民加入电商产业中，通过互联网销售苗木，但此时的销售平台仍是单一的，主要以 PC 端的"淘宝""京东"为

---

① "城归"：是一种类似"海归"的表述，即从城市返回乡村就业创业的人员，包括从农村走出去的大学生、技术人员或其他专业人士。他们通常具有在城市中学习和工作的经历，积累了经验和资源后，选择回到乡村，利用自己的知识和技能推动当地的经济和社会发展。

主，因销售市场较为狭小，并且汉塘村接触互联网电商的时间相较于其他地区如江苏省沭阳县较晚，其通过电商获取的经济收入增长速度缓慢。

技术是推动电子商务快速发展的根本动力，对于在电商平台上衍生出的"拼团购""直播带货"等，也是其出现和发展的根本支柱。随着我国科学技术的进步和经济的发展及人均消费水平的提高，移动手机和智能应用程序普及，人们对于消费的需求将不仅是单纯的购物需要，而且增加更多的体验性和娱乐性，在此背景下，以"拼多多"为主的"拼团购"方式和以"抖音""快手"为主流的"直播带货"方式应运而生。村民根据各个平台的受众群体与特征进行产品推广营销，电商平台多样化为汉塘村电商产业开辟新渠道，使农民脱贫致富，也为打造汉塘村成为全国"一村一品"示范村做出积极贡献。

二、村民网络使用习惯

互联网凭借其信息共享、突破地域和空间等远程限制、操作简便快捷等特点，促进了农村信息的流通。经过多年的建设，当前我国农村信息化已取得了长足的进展，信息化基础有了显著改善，手机媒体这种地域性、时效性、针对性较强的媒体也得到了推广和应用。但随着农民对信息需求的不断增强和农村信息化环境的进一步优化，村民对网络的使用习惯也在逐步发生变化，使用场景的多元化、拓展化，使用群体的扩大和数量的增多、使用频次的增加，都在促使束缚乡村发展的"数字鸿沟"正在加快弥合。

汉塘村最早接触互联网的是年龄介于 16 ~ 35 岁的少年和青年群体，他们通过使用电脑的因特网了解外部世界，猎奇心理使他们通过 PC 端能接触和了解到互联网所带来的影响。当技术不断向前推进发展，移动运营商、手机生产商、互联网工程师等的联合研究，把电脑搬到手掌上，无线互联网和智能手机相继诞生，为本就从事网络电商的汉塘村村民带来全新的网络使用经历，也使他们看到了手机移动端的无限商机。电商产业初步发展时期，汉塘村村民均通过电脑进行网上交易，而电脑操作技术难度较大，年龄偏大者难以学会互联网的使用。智能手机普及后，使用移动互联网的人数激增，其原因有三：其一，智能手机的操作简洁明了，便于不同群体的操作和使用；其二，智能手机轻便易携带，扩展了使用的场景和领域，推动手机软件开发者对应用的不断修复完善，并针对不同群体进行产品研发，促使更多的中老年以及学历较低的村民通过青年教授的方式接触移动互联网；其三，通过手机应用软件如"微信""抖音""快手"等，迅速了解到世界各地时讯，加强人际往来关系度，加大了村民对手机的依赖性，互联网日均使用时长增加。

三、苗木电商产业现状概貌

汉塘村发展成为"灵山电商第一村"的成功是必然的，该村的自然条件如地理位置、气候、土壤、水文等适宜苗木培育种植，社会条件如拥有丰富的种植苗木历史经验、国家相关政策的出台与扶持、村民自发组织形成的苗木产业市场集聚，等等。调研发现，汉塘村苗木电商产业的发展过程可分为三个阶段。

（一）初始阶段：苗木电商产业起步时期

上文所述，汉塘村通过互联网销售苗木始于 2008 年，该村青年 HZW 通过借鉴其他行业的销售方式，并结合本村农业发展实际情况，在"阿里巴巴"平台注册了卖家账号。这个阶段的苗木电商发展并不顺利，主要作为传统苗木销售方式的辅助渠道，主要的困境在于客源不足、物流运输费用高、掌握互联网开店技术少等。通过 HZW 与少数加入电商销售渠道的村民不断摸索，逐渐开拓苗木产业新市场，但职业化分工并未出现，仍旧是以苗木培育、销售一条龙为主要产销方式。

（二）发展阶段：苗木电商产业爆发时期

2015 年 5 月，国务院出台《关于大力发展电子商务加快培育新经济新动力的意见》。同年 11 月，出台《关于促进农村电子商务加快发展的指导意见》，意见指出："农村电子商务是转变农业发展方式的重要手段，是精准扶贫的重要载体……加快农村电子商务发展，把实体店与电商有机结合，使实体经济与互联网产生叠加效应，对于促消费、扩内需，推动农业升级、农村发展、农民增收具有重要意义。"汉塘村正是赶上了国家对于农村电商政策的扶持与倾斜，通过前期对互联网电商平台摸索，衍生出一套适合村落发展的苗木电商产业发展新模式。在传统苗木产销基础上进行有效转型升级，吸引大量村民加入该产业的发展中，大量的资本投入使产业规模得到进一步提升，并优化产业环境，尤其体现在生产场景的扩大。

苗木电商产业发展前的汉塘村，在苗木种植与培育方面使用土地面积较少。在产业发展的快速期，汉塘村的农业用地百分之八十以上均用做苗木培养基地，大棚种植、科学培育不断出现。村民的农业劳动时间趋于规律化，每年春、夏两季后为旺季时期，村民返乡从事苗木生产、销售工作。在生产中一般为青年人负责互联网运营相关工作，中年人负责苗木培育与运输工作、包装工作，老年人从事苗木产品包装的辅助工作。在此期间内，村内数家快递点日均发货量逾万件，需要另外聘请临时工进行快递装车。淡季时期，汉塘村苗木电商产业每日平均发货量也能达到 700 件。

通过互联网技术和渠道的快速发展，推动村民的生产生计转型，增加经济收入，也对村落内的生活方式、消费方式产生影响，村民们既通过电商平台进行苗木的销售，网络购物等方式也走进千家万户。通过互联网平台进行购物，能更便捷地进行货比三家，挑选到性价比较高的物品。笔者通过对村落中快递点的走访调研，了解到该村每日需领取快递包裹达 100 ～ 300 件，村民们对网络购物的依赖性逐渐增强。

（三）产业规模化与持续发展阶段

自我国实行家庭联产承包制改革以来，农业基本上定位于农民的全能型事业，即农业发展主要依赖于农民的劳动力这一生产要素。随着科技、管理、资本、组织等生产要素愈发显示出其重要性，以及农业小部门化的发展趋势，二者都要求农业充分利用各种生产要素资源，细化分工，推动其平均利润率与其他产业持平。汉塘村苗木电商产业逐步走向规模化，市场的扩大分工需要更多附属职业的支持，如苗木生产当中包装袋的生产、临时劳动工人、职业培育苗木的农户等。以家庭为主要的生产模式逐渐被产业链所冲击，给汉塘村苗木电商产业带来了新的机遇与挑战。未来是转型升级走向高端市场？还是稳抓传统品种进行产销？皆是汉塘村苗木电商农户们亟待解决的问题。

第二章

网络接入与村落经济生产流程再造

互联网进入汉塘村后，对村落传统农业、生计模式、物质生活等多方面产生影响，其中最为明显的就是对传统农林经济中的苗木产业产销流程的影响。以互联网为联通内外界的桥梁，在电子商务平台（以下简称"电商平台"）的助推下，多元化的市场主体对该村苗木产业链形成共同合力，重塑了当地苗木产业的产销模式，乡村经济生产得到转型升级，农民生计水平日益提高，逐渐缩小城乡数字化与经济发展的差距。

第一节 "互联网下沉"带动"农产品上行"

"互联网下沉"是当前乡村信息化发展的一个主流趋势，多家电商平台也正是看到了乡村市场的巨大潜力，借助手机 APP 实现"终端下沉"，并以此为媒介让城乡之间的产品销售信息得以畅通，为"农产品上行"提供了广阔的信息渠道。

一、电商平台与 APP 的普及带来农产品销售新机遇

互联网信息技术迅猛发展，智能手机成为一个重要信息媒介，数不胜数的手机 APP 成为人们日常生活交往的重要工具。APP 是应用程序 Application 的缩写，是指智能手机的应用软件，主要是由第三方平台进行开发，是一种可以扩展移动

终端的功能性软件。[①] 2007年，苹果公司（Apple Inc.）最先推出了属于自己的手机程序应用商店（APP Store），以供用户根据自己的喜好和需求选择下载。随后，各种智能手机逐渐占据市场，人们的生活更多地与智能手机相关联，且对手机在各方面的需求也更加多元化，其依赖性也在不断增加。

更多的商业资本看到了智能手机端客户的增量市场，手机APP的市场也迎来了爆发式的增长。与此同时，手机APP的数量和涵盖范围也在更进一步地扩大。不同的手机APP具有不同的功能，从功能分类来说，手机APP主要有工具型、社交型、服务型、休闲娱乐型和行业应用型几个大类，用户可以根据个人需要进行下载。手机端APP操作起来简单便捷，页面元素丰富，符合人们在多元化和个性化上的需求，能够让人方便、快捷地接收到更多的信息，为人们的生活带来了极大的便利。人们也逐渐习惯通过手机的应用管理平台来下载各种APP，以满足个人在生活和娱乐上的需求。

自2013年起，"阿里巴巴"和"京东"开始通过便利店和服务小站等方式"下沉"到乡村市场。智能手机在乡村实现普及后，电商平台抓住这一契机，推出各种便捷、易操作的手机APP终端，借助手机APP实现"下沉"，逐步推动农村电商行业的发展。为进一步完善和丰富购物平台，从而使消费者在使用时通过云数据运算获得购物新体验、维护和增加商家利益，APP终端会不定期更新版本。现在人们在手机端购物的过程中，能够轻松实现商品的挑选与收藏、价格比对、商品分享和社区团购。

目前，国内主流的PC端、手机端电商平台主要有"淘宝""京东""拼多多"等。在汉塘村，农村电商从业者们主要使用的是"淘宝""拼多多""一亩田"和"惠农网"等对苗木进行销售。有少部分的苗木供销商大户通过注册品牌，在商家入驻门槛较高的"京东""天猫"等平台进行销售，其优势在于维权保障最大化以及品牌文化的可持续发展。同时，利用诸如"微信朋友圈"等社

---

① Yang, H., "Bon Appétit For Apps : Young American Consumers' Acceptance of Mobile Aplications," *Journal of Computer Information Systems* 53, No.3 (2009): 85—95.

交软件，以及"抖音"和"快手"等视频软件，作为宣传和沟通苗木产业的主要渠道。2011 年，"淘宝"手机 APP 终端诞生，通过整合"淘宝"PC 端的优势，为客户在手机端提供更加简便、清晰的网络购物方式。因其后台规划与保障完备、平台入驻商家数量多、商品品类齐全，涵盖到各个行业领域和生活的方方面面，吸引了大批消费者。早期从事苗木电商产业的供销商在进行平台选择时，通过比较后更乐于选择入驻淘宝平台进行苗木商品的销售。"拼多多"购物平台于 2015 年落地，该购物平台的产品定位是构建专业的 C2M（Customer to Manufacturer）拼团购物模式，使消费者购物与工厂直达，强调制造业与消费者衔接。其以"拼着买、更便宜"的口号吸引了众多消费者特别是我国三线、四线城市与农村市场的使用，其特点在于消费者能够通过多人组团的方式以产品批发的价格进行购买。平台通过"好友助力红包""购物百亿补贴"等方式在短时间内迅速掌握流量；以客流量为购物平台优势，吸引更多商家入驻。汉塘村有不少商家入驻"拼多多"接单发货，但该购物平台产品售价相较其他平台低，因此需要更多的订单才能持续发展。"天猫商城"创立于 2012 年，是淘宝网旗下品牌，平台定位打造中高端品牌销售，在购物维权与商家入驻等方面有相较完善的体系。"京东商城"成立于 1998 年，于 2011 年推出手机客户端，是一家专业的综合性网上购物商城。京东购物商城在成立初期更多的是在图书、家电领域的销售，客源定位于我国一、二线城市有一定消费能力的人群，以此为基础的发展下，针对商家入驻有较高的要求，需要成立公司并建立专属品牌，所以在汉塘村较少有村民会在"天猫""京东"这两个平台进行市场推广，只有两到三家大户会选择注册公司品牌后入驻。"一亩田"和"惠农网"是专业的线上农产品市场，主要是搭建农产品批发和进货平台，在订单数量、产品价格和专业性能上有突出的优势，并且平台可根据买卖双方的需求提供车辆联系、运输等服务，汉塘村许多从事苗木生意的电商都使用过"一亩田"和"惠农网"，但因为顾客群体较为单一，引起消费流量少、后期平台维护体系不齐全等问题，导致部分电商逐渐放弃在这两个平台进行苗木推广。

二、产品源头规模优势催生网络信息虹吸效应

汉塘村苗木产业的发展并不是在互联网电商平台"下沉"后才出现的。事实上，早在电子商务尚未发展到乡村之前，汉塘村的苗木种植就已经初具规模。汉塘村有着三十年的苗木种植历史，许多村民都掌握着水果苗木育苗和嫁接的技术，在武利镇甚至广西南部地区一直都是有名的苗木培育地。[①] 芒果苗木、荔枝苗、龙眼苗、香蕉苗作为该村培育的传统苗木，在互联网和电商尚未在汉塘村发展时，村民采用摆摊和寄存式售卖的方式进行苗木销售。同时，也有专门从事苗木售卖的供销商，他们通过到村中收购村民种植的苗木，转运到武利镇以外的地方进行售卖。最初，在我国南方的苗木售卖市场中，汉塘村培育、销售的苗木占半数以上，但有趣的是，虽然市场需求量大，汉塘村附近的村庄却很少有大量从事苗木的培育和销售产业。

武利镇区是通往合浦、北海、钦州、灵山、浦北方向的重要交通枢纽，集大量人流、车流优势，同时作为乡镇的行政中心，依托其良好的地理条件和历史文化背景，自古以来便形成一定规模的圩市。汉塘村村民会选择在圩日将培育的苗木拉到武利圩市上摆摊售卖。[②] 若在武利镇有开店的熟人，汉塘村从事苗木生意的村民会将苗木的样本或部分苗木寄存在商店中进行售卖，有需要购买苗木商品的顾客看到苗木样本后，可直接到汉塘村中购买。还有一些专门从事苗木售卖的中间商，在村中收购苗木后将苗木装车销售到钦州市各县区，远至海南省、云南省、贵州省、四川省、广东省等地。

通过摆摊销售和大批量供货销售的传统商业发展模式，使汉塘村的苗木产业

---

① 资料来源：由汉塘村村委提供的《武利镇汉塘村优势产业简介》（内部资料）。

② 圩市：西南地区多将乡村小型集市称为"圩市"。一般选择在几个村交界处或中心村地带，按照约定俗成的日期进行农产品交易。到集市交易的行为，就称为"赶圩"。圩市是维持乡村日常生活的重要交换空间。圩日：根据西南地区周围约定成规，一般每三日为一"圩"，如"一四七"圩、"二五八"圩、"三六九"圩；也有的是五天为一轮，依农历而定，分为逢"一六"圩、"二七"圩、"三八"圩、"四九"圩和"五十"圩。两个相邻圩的圩期不重复，这样就能让买卖双方都有较多的交易机会。

在云、贵、川、粤等多地均占据了一定的市场，也正是因为该村苗木品质优良、价格合理，形成了"旧带新""回头客"等多种销售渠道。

在市场体制机制的发展下，苗木产业随之进行转型升级。随着网络技术的发展和互联网、电子商务"下沉"到乡村市场，汉塘村的苗木销售不再局限于传统渠道。依托互联网发展的电子商务作为一种新的销售模式，携带大量的数据与信息，使市场需求可视化、便捷化、规律化，拓宽苗木销售渠道，越来越多的村民开始尝试接触电商，借助互联网进行苗木销售。在不断地摸索和调试当中，汉塘村村民找寻到了"互联网＋苗木产销"的密码。

总的来说，实现"互联网下沉"的一个重要前提，在于生产及产品源头必须具有一定的规模。正如汉塘村苗木产业的发展道路，多年来的苗木培育经历和苗木销售经历让该村有着较为完备的苗木产业基础，当大量的外部需求通过互联网进行传递，从事苗木产业的村民们能够在短暂的时间获取来自外部世界的信息，承接并满足客户需求，与客户实现良好的沟通，从而实现苗木产业由传统销售转向电商平台销售新模式稳步发展。互联网发展推动网络通讯发达，在信息获取、交流、反馈等方面联通村庄内外。以往的苗木培育和销售为汉塘村的苗木市场奠定基础，通过电商平台的讯息释放，汉塘村的苗木产业被广而告之，使得汉塘村在原有产业规模的基础之上，极大地拓展了外部市场，从而实现产品生产与外部市场之间的有效衔接。因此，生产及产品源头的规模优势对于"互联网下沉"就显得尤为重要，正是这种产品供给的规模优势，借助互联网信息渠道，带来了供需信息的虹吸效应。

三、"农产品上行"带动村落经济结构与生产生活方式重构

互联网发展带来的"农产品上行"与"信息下沉"是同步进行的。一方面，市场经济对农产品的需求进一步刺激了村落苗木产业生产供给，使得苗木产业规模进一步扩大，原有的线下产业链中嵌入了线上信息交流环节。另一方面，产品生产规模扩大带来巨大的经济效益，使得村民有更多资金投入扩大再生产和家庭

消费。村民的普遍富裕，也使得农村家庭消费更加注重线上体验与线下结合，日益向现代都市消费靠拢。

现今，汉塘村主要的经济生产结构是以苗木为主，其他产业并存的分布格局。苗木产业是汉塘村的主要经济收入来源，多数汉塘村的村民都参与到苗木产业链中。小部分与苗木产业从业者没有任何接触的个体，或是其他行业从业多年的人，仍选择从事除苗木生产以外的其他工作，如汉塘村有专门从事桉树木材加工的村民，也有从事养殖家禽、生鲜等相关产业的个体户，但占比较低。

作为汉塘村的主要产业，苗木产业链各环节分工明确，专业化生产也逐步凸显。从苗木产业链的结构来看，有专门培育苗木的个体农户、专门从事电商平台销售的供销商、电商销售与苗木培育一体化的家庭、驻村快递点、苗木布袋制作等苗木产业附属品生产的作坊、专门从事苗木产业的临时劳务团队等，这些职业分化的出现都是依托苗木电商的发展逐渐形成。在该产业链上某个环节出现了新的需求，就会在村落中逐渐促成一个新的职业务工。

随着电商产业的不断发展，产业规模不断扩大，经济收入逐步提高，村民消费能力也得到了提升。汉塘村中除原有的基础性设施之外，一些娱乐性设施随着电商产业的发展逐渐出现。例如，该村有两家餐馆、三家日食杂货店、两家奶茶店、两家药店、一家理发店，多家售卖苗木培育肥料商店，以及一家机动车专业维修店。村中有多家门面寄存村民在"淘宝""拼多多"等电商购物平台购买的商品，日均寄存快递超百件。除参加村内的娱乐项目外，许多村民也会驾驶家用小汽车到武利镇进行娱乐性消费。由此可见，苗木产业转型升级的同时，创新农业发展渠道和村民生计模式，增加经济收入来源，带动村民在追求美好生活需要上的消费，乡村生活方式得以重构。

第二节 "网络进村"与苗木电商产业演进历程

汉塘村苗木产业在电商平台的兴起与发展，是一个伴随着"网络进村"不同阶段而逐步演进的过程。从时间的角度看，网络进村在时间节点上要早于苗木电商的兴起，在经历了多种尝试后，汉塘村摸索出一条联通线下生产与互联网线上销售的互利共赢之路，苗木电商产业正是网络信息技术与传统苗木产业相结合的产物。

一、苗木电商产业成为村民日常生计的重要基础

互联网作为一条信息通道对苗木产业具有十分重要的作用，最主要的一点就在于互联网电商产业的发展打破了原有的空间限制，让汉塘村从事苗木产业的商家能够在互联网平台上不受时间和地域的限制实现信息交流。苗木电商产业可以通过互联网发送更多的商业讯息，苗木产业的区域市场得以持续拓展，而随着电商在汉塘村的不断发展，其在村民生计中也开始占据主流地位。

（一）苗木电商产业拓展区域市场

依托地貌、水文、气候等自然优势，汉塘村在农业生产、传统苗木种植方面历史悠久，并借助外部市场需求逐渐形成了苗木培育产销一条龙的产业体系。汉塘村以血缘、地缘、业缘基础为生产群体，创新、推动和稳固产业发展模式，凸显了该村苗木电商产业的特色。在传统苗木的销售基础上，通过互联网信息的有效获取，根据市场需求对新品种特别是稀有品种进行种植，增加了苗木产品品类。

其次，通过血缘、地缘、业缘发展出一批专门从事外部市场调研与开拓的供销商，依靠互联网进行信息传递，链接、拓展了村内外市场发展，不仅将苗木销售到云、贵、川等省，还将苗木销售到了国外，不断增加汉塘村在苗木市场占比，区域市场得到持续拓展。

（二）苗木电商产业带动村民生计转型

苗木电商通过互联网与外部市场进行接触，获取大量客户群体需求等信息。

通过信息整合，结合市场导向发展对现有的苗木生产方向作出调整，在苗木培育的过程中择优、择需求进行计划生产。同时，信息的联通并不是封闭式的，一些小规模种植苗木的农户也会跟随大户的脚步，调整自营的苗木种植，将苗木的品种进行更新换代。除此之外，苗木产业扩大与发展不可避免地衍生出许多附属的生计方式，在生产过程中逐渐产生分工协作与职业分化，促使当地村民的生计得到持续性的转型优化。

据了解，汉塘村现有可耕用的土地 2899 亩，其中水田面积 1806 亩，旱地 1093 亩。[①] 在苗木电商产业发展以前，汉塘村的村民以种植水稻等农业生产方式为主，兼有种植荔枝、龙眼等水果的经济林业。当苗木电商产业模式发展成熟后，许多村民选择了放弃传统农作物种植，转而专心投入到苗木种植中。这些弃水稻转电商的村民认为，传统的水稻种植需要耗费更多的时间和精力，投入成本与收获比率低，从水稻种植转向苗木培育可以获得更多的经济收入。除此之外，汉塘村电商产业在发展中逐渐完善，其产业链体系就越是庞大，便有越来越多的村民希望通过加入到苗木产业中，不仅获取相对可观的经济收益，且由此衍生的电商产业生产也越加专业化，从而促进农民生计转型，生计方式实现多样化。

二、苗木电商产业从"少数先行"到"普遍参与"的演进

互联网电商的发展为汉塘村苗木产业带来了机遇，从电商参与的主体多元化到电商销售渠道的拓宽，汉塘村苗木电商的产业参与模式在不断地丰富。汉塘村苗木电商产业的人数也逐渐从寥寥几个，发展到全村普遍参与到电商产业链中，越来越多的经济价值和社会价值也通过苗木电商产业的发展被创造出来。

（一）电商参与主体不断增加

电商产业在汉塘村尚未发展时，不少学历较低的年轻人会选择到广东、福建等地打工赚钱。青年群体在外出劳务期间对新鲜事物较为敏感，对待网络等新媒

---

① 资料来源：由汉塘村村委提供的《汉塘村苗木种植简介》（内部资料）。

体技术也较容易接受，他们与外界进行充分接触，开阔了视野，因而在返乡过程中将外界的新信息、新事物带回村中。

该村电商大户[①] HZW 最开始就是在广东打工的时候接触到互联网，返乡后在村里开"网吧"。当家中苗木销售遭遇困境时，他通过自己的所学、所见、所思，开始尝试通过网络销售苗木，最初是在"阿里巴巴"试行，经过几番摸索后，收益快速增长。由此，他还带动亲属、好友利用互联网进行外销，推动了本地传统苗木产业向电商苗木产业的转型。

从最开始无人看好互联网销售苗木，到后来全村八成以上的家庭从事苗木电商产业，HZW 起到了良好的示范性带头作用，他的成功吸引了村里更多的主体加入到苗木电商的产业链中，汉塘村苗木电商产业的发展动力也得以不断强化。

（二）电商技术与渠道不断发展

苗木电商产业的发展，打破了传统苗木的销售渠道，而手机 APP 终端的开发，在某种程度上重塑了网络电子商务的发展，不仅拓宽了电商的销售渠道，也为电商行业的发展增添了更多的销售新渠道。以 O2O（Online to Offline）电子商务模式为例，手机终端 APP 突破以往传统的空间界限，让顾客使用手机就能够完成支付消费，购物变得更加便捷。[②] 同时，手机 APP 终端的开发也让商家的操作更加便捷，在手机客户端就能够完成店铺维护、信息回复以及接单发货等各种流程，不断推陈出新的客户端，在技术和市场竞争中降低了电商参与门槛。

ZXY 是汉塘村的一名普通家庭妇女，在平时的生活中喜欢用"抖音"和"快手"等短视频软件。当看到有人通过这些软件"直播带货"时，她也开始利用这些平台发布苗木销售信息。

---

① 大户和小户：根据经营规模和规范程度，该村村民将以 HZW 为首开办的 52 家线上线下相结合的苗木公司称为"大户"，其余则为"小户"。大户一般有 10 亩以上的苗圃、正规纳税人账户和常年雇工团队，小户则维持在 2 亩以下的自有耕地苗圃，且没有注册公司和雇佣劳动。

② 帅国安：《移动终端 APP 对用户生活方式重构的影响》，硕士学位论文，江南大学，2015。

案例 2-1

ZXY，女，电商从业者

我以前用过"淘宝"销售苗木，后来因为淘宝店铺的流量太少，就不再做了。2018 年我开始接触"抖音""快手"这样的短视频软件，慢慢发现有很多人都在上面"带货"，于是我也开始在"抖音"上通过拍视频的方式销售苗木，慢慢地我也掌握到了"抖音"平台的推广方法。目前我拍的视频有比较好的播放量，我现在计划拍一些更高质量的视频，吸引更多的人来买苗木。除了"抖音"，我还会在"微信朋友圈"推广苗木，我丈夫还在"一亩田"和"惠农网"这两个平台上面发布苗木信息。我们利用不同的平台，拓宽了苗木的销售渠道。

手机客户终端为电商行业的发展提供了便捷，通过一台智能手机就可以实现苗木的扩大销售。不仅如此，各大平台也积极推出了产品销售服务，助力像 ZXY 这样的用户来实现自己的销售计划，并为其销售提供了新渠道。

（三）产业参与模式不断丰富

苗木电商产业在发展的过程中逐渐专业化，由电商苗木产业链衍生的各个环节带来了更加广泛的参与渠道，人们通过线下参与苗木电商产业的机会也在增加。自苗木电商新销售模式在汉塘村发展以来，苗木产业所需的基础物资和附属生产增多，如村内由此增设了苗木布袋专卖店。

案例 2-2

HLF，女，苗木布袋经营店店主

我之前在广东从事过皮包缝纫工作，掌握了一些关于缝纫的技术，后因需要照顾孩子，辞职回村。当时我看到汉塘村电商产业发展得很好，同时发现苗木在培育的过程当中需要大量的苗木布袋，就计划开一家专业的苗木布袋生产店。目前我主要是自己生产苗木布袋，也会找一些家庭妇女在家中进行布袋的加工，工作量按件计算，一般每天可以制作1000到2000件。现在店里还有营养杯、辣椒地膜、嫁接膜等15种规格的布袋出售。一般客户会采用线上预订和线下提货的方式，如果需要的量很大，我们也会直接送货上门。

苗木电商产业在发展的过程中逐渐向专业化靠拢，更多专业化的需求也由此衍生开来，在汉塘村中没有从事苗木培育的居民看到了苗木产业链下电商的需求，开始主动为电商提供服务，丰富了产业参与模式。

三、苗木电商产业带动村民生计模式的演进

苗木电商产业的发展进一步促进了村民生计模式的变化，原来传统苗木产业的发展只是以经济辅助的形式存在于村民的生计模式中。现如今，因为电商苗木产业的不断壮大，苗木产业已经成为村民生计模式中最为重要的一环。

（一）从外出打工到家庭生产

较大程度上，汉塘村低学历的青年都会选择外出务工，在面临婚姻、生子或是家庭需求后，会返乡进行再择业或创业。外出务工的经历让这些青年更懂得如何利用先进的手段获取经济收入。

案例 2-3

HMZ，男，电商经营户

初中毕业我就去广东打工了，结婚后回到村里开始从事苗木电商产业，在"淘宝"和"京东"都开了店铺。我的父母作为农户在那隆镇租有20余亩地育苗与种苗，我和兄弟承担电商销售、打包等工作，妹妹承担电商客服与订单接收打印等工作，我的妻子在照顾家庭之余包装苗

木，我的奶奶年纪大，偶尔会帮我们修剪苗木叶子。

像 HMZ 这样从外出务工到返乡进行家庭式苗木电商创业的人，其生活发生了许多改变，家庭收入也在持续增长。类似这样以家庭为单位的生计模式主要围绕苗木电商产业进行，举全家之力共同发展。

（二）生计来源多样化

苗木产业与村里的其他产业并不产生冲突，许多从事苗木培育的农户还会从事水果、木材种植与销售等。汉塘村电商产业的发展为村民提供了更多的经济收入来源，不少中青年群体在苗木产销旺季时返乡从事苗木的销售工作，淡季时则会外出务工以获取其他经济收入。电商苗木产业的发展为村民提供了多样化的生计来源，苗木产业链在发展的过程中所衍生出的多种工作需要，也为村民提供了许多临时的就业岗位。

（三）生计水平不断提升

电商产业的发展为汉塘村提供了多种就业机会，村民的收入也在大幅度提升，村民在教育、交通、娱乐方面的消费水平都发生了极大的改变。现如今，村民的消费方式均以线上网络购物与线下实体店消费结合。笔者在当地进行田野调查时了解到一个故事：武利镇某个服装店为吸引顾客推出打折活动，但听说顾客来自汉塘村后就不打折了，是因为听闻汉塘村的人不喜欢购买打折的商品。虽然这是一个略带调侃意味的笑话，但是也反映出汉塘村经济发展已经达到了较高的水平。

第三节　苗木电商产业中的多元主体参与和生产流程再造

苗木电商产业成为汉塘村支柱性产业，除了本村村民的推动，也得益于多元主体的共同参与。这逐渐改变了传统苗木产业的生产流程，形成了多元主体和谐共生的产业生态体系。

一、多元主体参与的历程与特点

在汉塘村苗木电商产业持续发展的过程中，离不开多元主体的参与，其在不同阶段都对苗木电商产业发展有积极的推动作用，并呈现出不同的特点。

（一）参与历程

产业的发展不是一蹴而就，也不是凭靠村庄一己之力。纵观汉塘村苗木电商产业的发展，可将其分为以下四个阶段。

第一，"先行先试"阶段。汉塘村第一个从事苗木电商产业的是返乡创业青年 HZW，自 2008 年起，他通过在"阿里巴巴"网络平台销售家中滞销的苗木。在这一过程中，他面临网络店铺初步构建困难、苗木信息发布不易被看见、苗木运输运费昂贵、运输途中容易出现坏死等情况。2008—2013 年，HZW 逐步摸索网络宣传与店铺的建构方法，也尝试改变发货包装和带土、带杯发货的方式，来解决运输中容易出现的问题。

第二，"村民跟进"阶段。HZW 从事苗木电商不仅解决了家中苗木滞销的问题，也在这一过程中取得了较为可观的经济效益。最开始跟随 HZW 从事苗木电商销售的是其亲友，后来随着我国互联网电商体系逐渐完善，越来越多的村民也开始仿效，通过电商平台销售苗木。截至 2018 年，汉塘村共有"淘宝店主"200余位，经营苗木网店 300 余家，占全镇的 70.2%。在汉塘村苗木电商产业的带动之下，农民群众积极发展生产，种植苗木、树苗面积超过 1800 亩，农户达到

805 户，占全村户数的 75%。^① 随着我国经济不断增长，苗木需求增多，市场逐步扩大，汉塘村受市场经济影响持续扩大产销规模，苗木产业逐渐在汉塘村民带动下扩展到全国其他区域。

第三，"产业集聚"阶段。以汉塘村为中心的苗木电商产业在参与主体的循环投资下，促进产业持续扩大开发。其他相关产业发现该地拥有持续的商业发展可靠性，逐步在汉塘村进行投资、参与生产。各网络运营商为保证汉塘村电商产业的发展进而提供更好的网络服务，如以邮政快递为代表的快递公司在此开设专门的物流站点，货运公司与苗木供销商联系密切。

第四，"政府规划"阶段。汉塘村电商产业的发展带来了巨大的经济收益，推动该村人均年收入显著提高。为创造更好的产业环境，政府在基础设施、专业知识和技术指导方面加大投入，提出打造"灵山县电商第一村"，申报"一村一品"示范村项目，协助成立"苗木流通协会"，积极构建农村电子商务综合服务体系、农村电子商务物流配送体系、农村电子商务品牌培育及质量保障体系和电子商务进农村培训体系等四大体系，完善农产品网上销售体系和消费品进农村销售体系，并整合各种资源，从而实现"工业品下乡"和"农产品进城"的双向流通。^②

（二）参与特点

产生经济利益是产业发展的出发点和落脚点，而随着参与主体人数的不断增多，苗木电商产业也在发展的过程中改善不足、完善体系，促进苗木电商产业链持续健康发展，实现劳动成果共享。以下将从利益性、协调性和共享性三个特征来对汉塘村苗木产业的参与特点进行概括。

利益性是各主体参与苗木电商产业的驱动因素。总的来说，电商产业在汉塘村能够持续发展，离不开苗木电商产业中所能获得的巨大收益。据统计，2018

---

① 资料来源：由武利镇人民政府提供的《2018 年产业发展现状》（内部资料）。
② 同①。

年全村网上交易额达 1.4 亿元，全村人均纯收入达到 33312 元，近全镇人均纯收入的 2.5 倍。[①]

协调性是电商产业持续健康发展的保证。初期阶段，创业者最先尝试苗木电商生意，不仅销售自家苗木，也帮助村民销售苗木；中期阶段，更多主体加入到苗木电商产业中，为方便运输苗木，电商大户购买货车将打包苗木运出汉塘村；后期阶段，各个快递公司入驻汉塘村，方便电商发货运输。苗木电商产业在发展的各个阶段都有来自不同生产领域的主体在各阶段相互配合，共同促进苗木电商产业的发展。

共享性是全体共同成员共享电商发展红利。苗木电商产业发展壮大以后，快递公司入驻汉塘村，苗木电商发货更加便捷。经济收入的提高进一步推进汉塘村完善基础设施。在政府的支持下，汉塘村新增了篮球场等文体设施，让村民文化生活进一步丰富。未来汉塘村还将增设物流中心，让汉塘村的发货更加便利。

二、多元主体参与的行动逻辑

多元主体对电商产业的参与并不是一步到位，而是在发展的过程中不断参与到产业链中。多元主体对苗木电商产业的参与发展，不断重构了传统苗木产业的生产流程。

（一）先行者

最先在汉塘村从事电商苗木产业的 HZW 已成为汉塘村电商苗木产业的大户，其拥有苗木培育基地 20 亩，销售苗木品种达 200 余个，并通过"基地＋农户＋电商"的经营模式，带动周边农户参与到苗木行业的销售中，拓宽村落销售网络。2008 年，他运用仅有 200 万像素的手机来拍摄苗木照片，通过互联网上传线上平台进行销售，但当时面临诸多运输过程中存在的问题，HZW 最开始的苗木网络销售并不理想；2009 年，他发布的苗木信息被苗木需求大户发现，成

---

① 资料来源：由武利镇人民政府提供的《2018 年产业发展现状》(内部资料)。

功销售出价值 120 万元的苗木，给汉塘村的村民带来了巨大影响。

HZW 的成功案例并不是一种偶然。因行政规划和历史因素的影响，村庄主体身份有乡土内生性和外部进入性的区别，打工返乡青年拥有本村人的身份，因而更容易获得信任，从而充分地带动村民从事苗木电商产业。[①] HZW 作为网络电商的先行者，成功带动了村落电商产业的发展。在其之后，HZW 也积极地投身村落基础设施建设，为村落各项事业的发展贡献自己的力量。

（二）电商小户与村内务工者

电商大户 HZW 成功带动了武利镇超过 1500 户的农户开始从事苗木电商产业，众多电商小户开始向大户靠拢。电商大户掌握更多关于苗木市场的讯息，能够对电商小户做出重要的指导。小户在发展苗木的过程中紧跟大户的步伐，大户重点培育哪个品种的苗木，小户就培育哪个品种的苗木。小户在培育的过程中属小本经营，以家庭经营模式为主，更聚焦于苗木的生产培育，主要针对某几个热销的苗木品种进行培育。

苗木电商产业需要劳动力持续投入，当现有的团队人手不足时，村内的临时务工者便可较好地解决电商产业在各环节的发展需要。在苗木电商产业的发展过程中，苗木培育、苗木养护以及苗木包装和发货，都需要一定的人力投入。尤其是销售旺季，人力需求会增多。村内临时务工者的出现，极大地推进了电商产业链在发展的过程中朝专业化迈进。

（三）外部市场服务主体

汉塘村电商产业的发展离不开外部市场服务主体的入驻。快递及货运公司、电信运营商、金融服务商、电商平台、网店代理商等，作为外部主体入驻到汉塘村中，优化产业生态体系、强化村内的基础设置建设，为汉塘村电商产业的发展

[①] 李云新、阮皓雅：《资本下乡与乡村精英再造》，《华南农业大学学报（社会科学版）》2018年第 5 期。

提供了有效的保障。总的来说,电商产业的发展离不开每一个外部市场服务主体的顺利运行。以快递服务主体为例,汉塘村共有两个苗木收发装车点,汉塘村电商个体户在家打包好苗木后,将其运送到快递点,再由快递点的工作人员对其进行验收装车,每天三趟车,每个月有超 10 万件快递通过快递点进行运送。若是村内没有快递收发点,汉塘村电商产业发展会受很大影响。

(四)乡镇党政力量

近年来,汉塘村村党支部、村委会班子,紧抓"品牌村"建设,围绕新农村建设方针,努力发展经济,改善村容村貌建设。同时,在努力打造"灵山农村电商第一村"的过程中,村委也重视对村落的规划,注重保护农田,还引导村民成立了"水果生产流通协会""电商超市"等。村委积极组织苗木的生产与销售,已经培育苗木有 23 个类别、85 个品种,以芒苗木、荔枝苗、龙眼苗、黄皮苗、百香果、柠檬、番石榴、长果桑、杨梅、枇杷以及各种柑橘类苗木为主。在政府的工作支持下,远销到全国各地及东南亚国家中。①

三、电商销售带来的生产流程再造

汉塘村电商产业的发展,改变了传统苗木产业的销售渠道。电商新销售模式所产生的运行机制,改变了村庄内部与市场的连接。整个产业的生产流程,也在电商所带来的快速信息化交流过程中发生了变化。

(一)电商嵌入销售环节

传统苗木产业转向电商销售,增加了苗木的销售渠道,拓展了外部市场。电商嵌入到销售环节,更多地打破了苗木种植农户和市场之间的沟通障碍。在传统的销售中,农户需要亲历亲为、深入市场,才能最终完成苗木销售,而电商嵌入完全改变了这一局面。

---

① 资料来源:由汉塘村村委提供的《汉塘村委苗木种植情况简介》(内部资料)。

从销售方式来说，传统苗木售卖方式花费时间长、效率低。武利镇是通往合浦、北海、钦州、灵山、浦北方向的重要交通枢纽，许多车辆和人流都会在此集聚，同时武利镇作为乡镇的行政中心，下辖多个行政村，是附近村庄村民赶集的汇聚场所，人流量大，汉塘村村民会选择在圩日将培育的苗木带到武利镇街上摆摊进行售卖。在武利镇街上有亲戚朋友开店的村民，则会将苗木的样本或者部分苗木寄存在亲戚朋友开的商店中进行售卖，有需要购买苗木商品的顾客看到苗木样本就会直接到汉塘村来购买。

而在这一传统的销售方法中，村民难以掌握市场信息的动态，对市场信息获取的成本较高、难度较大，已经成为农户面临的约束，是农户需要打破的"信息困境"。[①]农户在生产销售的过程中，要想获得更高的经济收入，就需要掌握更多的信息获取渠道，信息掌握得越多，就越能够对自己所经营的产业进行优化配置。电商嵌入到苗木销售环节，将原本存在的信息差被打破，农户通过网络就能够掌握销售的讯息，在市场中准确定位，从而拓展外部市场，增加产业的销售量。

（二）信息化全面改造生产流程

纵观汉塘村苗木产业的生产流程，专业化的生产已经逐步显现。在传统的苗木产销流程中，个体农户需要亲自完成育苗、批发零售、寻找市场等多个环节。但在电商嵌入苗木的生产环节之后，汉塘村出现了专门生产苗木的农户、从事销售的供销商、为苗木培育提供劳力的生产队、负责收发快递的快递点以及寻找苗木销售市场的经纪人。从生产的流程上来看，汉塘村生产的流程更加专业化，各个环节都有专人负责，"专业人做专业事"的分工逐步形成。

电商产业带来的信息化革新优化了生产流程中的各个环节，实现了苗木生产到销售的不同环节流程衔接更加有序，各种需求对应得更好。在苗木培育生产的

---

① 侯建昀、霍学喜：《交易成本与农户农产品销售渠道选择——来自 7 省 124 村苹果种植户的经验证据》，《山西财经大学学报》2013 年第 7 期。

过程中，村民的信息化水平得到提升，一些科技型的农产品也开始得以引进，小型农机具、喷灌技术等工具及方法逐渐进入汉塘村，整个汉塘村苗木产业开始向数字农业和智慧农业方向发展。

第四节　苗木电商产业发展的多元动力

苗木电商产业发展是在汉塘村既有的产业资源基础之上，多元主体合力共建的结果。传统苗木产业的发展方式让村民的生计面临困境，先行者对苗木电商产业的尝试和多元主体逐步加入到电商产业中，逐步推动苗木电商产业不断发展。

一、传统苗木产业发展和村民生计维系的困境与需求

苗木产业在汉塘村已有三十多年的历史，许多汉塘村村民通过苗木生意获得经济收入以维持生计。苗木市场在当地是十分有限的，从果木的种植年限来说，如龙眼树和荔枝树种植，培育一棵可以结果几十年，因此种植该果的农户一般只需要购买一次苗木。从苗木市场的从业者来说，许多汉塘村村民或是附近的村民，在看到苗木培育可以赚钱后也开始加入苗木培育的产业中，长此以往，当地的苗木市场面临逐渐饱和的困境；在传统的村民生计中，苗木的培育和销售对家庭生计的维持具有重要作用，家庭经济收入很重要的一部分来自于苗木销售，而当传统的苗木产业面临市场饱和，苗木销售将遭遇较为严重的危机。

互联网电商的出现打破了传统苗木产业的市场空间，解决了苗木产业销售的困境。互联网电商的发展在于利用互联网构建起新的信息平台，让时空的限制得以突破，使得农业信息资源和生产产业链中的环节实现连接，从而完成农业产业链中的信息对称。互联网让农业产业和外部市场的信息沟通更加顺畅，从而解决了传统农业市场中因为信息闭塞而导致的农产品滞销的问题。[1] 在面临苗木销售

---

① 杨继瑞、薛晓、汪锐：《"互联网＋现代农业"的经营思维与创新路径》，《经济纵横》2016年第1期。

危机之后，汉塘村村民也开始逐渐寻找苗木销售的方法，互联网电商就是在这样的背景下为汉塘村苗木产业向外部市场销售提供契机，并通过网络将苗木销售的讯息扩展到汉塘村以外的销售市场，从而实现传统苗木产业的转型，解决苗木销售的困境。

二、先行者与普遍跟进的村内产业发展合力

HZW 是汉塘村首位电商产业的先行者，在最开始时，他承受着非常大的生存压力，但在电商产业的发展过程中，他与各方进行协商，解决了产品包装、快递发货等一系列的电商经营问题。

案例 2-4

HZW 被称为"汉塘村电商第一人"。2001—2008 年曾经在广东工厂打工，从事销售工作，有一定的销售经验。打工的经历让 HZW 接触到了许多新鲜事物。一次在与家里人通电话的过程中，HZW 了解到家中的苗木正面临销售困难的问题，于是他想到，现在都流行网购，苗木或许也可以在网上卖。2008 年，HZW 做出了大胆的决定，他决定返乡并通过网络来销售苗木。刚开始时，HZW 不懂网络营销，找不到苗木的买家，加上快递运输成本过高，村子里许多从事传统苗木产业人都不太认可网络销售苗木的方式。2009 年初，HZW 向当地农业局求助，农业局为他对接"阿里巴巴"农业频道广西片区负责人，为其进行网店装修、引流等经营技能培训，并指导他付费购买网站首页推荐。不到半年的时间，HZW 即打破销售僵局，接到重庆 40 万棵龙眼苗的订购单；同年，HZW 接下来自黎巴嫩 2 万棵苗木的订单。此后，HZW 将在"阿里巴巴"的销售经验在其他在线平台复制，汉塘村的苗木逐渐通过电商找到外部市场。HZW 的电商苗木生意越做越成功，2013—2015 年，吸引带动了全村 200 余名青年返乡从事苗木电商行业；2016—2017 年，汉

塘村及周边村民许多人都参与到苗木产业中，苗木种植销售扩展到周边村种植 4000 余亩。

作为电商苗木产业的先行者，HZW 顶住了生存压力，通过自己的探索解决了一系列在电商产业发展中的问题。经营取得成功后，HZW 也希望帮助更多的人通过苗木产业致富，其从事电商产业的成功，让不少村民开始将产业发展的眼光投向苗木电商产业中，苗木电商产业在汉塘村得以发展壮大。

三、物流、电信、信贷、平台等外部市场主体的助推

汉塘村电商产业的发展壮大吸引了外部市场主体，物流快递、网络通讯企业、信贷平台、电商平台等外部市场主体，在发现商机后开始入驻汉塘村，为电商产业提供更多的服务。对于这些外部市场主体而言，在汉塘村开设网点相当于为自身增加市场，因为汉塘村电商从业者多、发货量大，能为他们带来更多的经济效益。

同时，这些外部市场主体的入驻，进一步助推了汉塘村电商产业的发展。首先从网络通讯企业来看，网络电商为汉塘村电商产业的发展提供了优质的网络服务，使得电商产业从事网络销售成为可能；其次从电商接入技能来看，汉塘村成立"武利镇汉塘村电商超市"，用于电商培训、购物、销售等，提升了村民的网上电商接入与沟通能力。除此之外，物流快递入驻汉塘村，不但解决了原本苗木电商产业物流发货中存在的问题，节省了苗木运输的时间成本，为苗木的存活率提供了有效帮助，还在更大程度上为电商的发货流程提供了便利。随着电商平台手机终端的开发下移，从事苗木电商行业变得更加简单，只要有一部手机就能够完成苗木销售，这也让越来越多的汉塘村民开始加入到苗木电商的产业中来，部分在"朋友圈"售卖苗木的村民作为个体户也能够直接参与到电商产业中。

外部市场主体入驻汉塘村，与村内的苗木电商以及种植苗木的农户共同形成了一条完整的产业链，夯实村内产业基础，使得产业生态得以完整显现。

四、乡镇党政力量的引导和帮扶

在电商产业的发展过程中，乡镇党政力量始终起到引导和扶持的作用。在电商产业发展得如火如荼时，政府为村落产业发展保驾护航，提供基础设施建设和电商交流平台，助其发展增量提质。

同时，由于乡镇党政力量是领导力量，政府会更加全面地对村庄的发展做出考量。如当看到大量的农田都被挪用为苗木培育基地时，及时做出保护农田的举措。自苗木电商产业发展以来，政府和有关部门十分重视苗木电商产业对经济的推动作用，大力推进电子商务产业在当地的发展，同时通过不断挖掘和培育电子商务模范企业来激励当地电商从业者。经过村委的引导与鼓励，汉塘村永发苗木企业引进国内外名优苗木，不断改进苗木包装发运方式，带动村民积极参与，产业不断壮大，苗木远销越南、马来西亚、日本等国家。

当地政府围绕新农村建设，努力发展苗木电商经济，通过建设"品牌村"、打造"电商第一村"等各项措施，使汉塘村苗木产业得到诸多政策的扶植。在政府的引导下，企业带领大批农民走上了"互联网＋农产品"的致富新道路。[①]

汉塘村利用苗木电商发展的独特优势，带领广大群众做大做强电商产业，每年通过电商销售各种苗木数百万株，销售总额达上亿元。同时，当地政府还通过电商产业做好"困难户"的帮扶工作，让汉塘村的"困难户"都有了致富的新方式。

第五节　苗木电商对村落经济生活的多维度影响

苗木电商产业的发展改变了当地苗木产业的发展方式，为整个区域苗木产业的发展提供了新的销售方式。村落的区域化示范性效应明显，逐步推动苗木产业的转型升级，让苗木产业的发展逐步呈现成熟化。但一家独大的苗木电商产业，

---

① 资料来源：由武利镇人民政府提供的《武利镇简介》(内部资料)。

也在很大程度上导致了当地经济结构趋向单一化。

一、村落经济区域示范效应凸显

（一）规模效应明显

电商产业的发展促进了村落种植规模的扩大，村落原有的土地已不再能满足苗木培育的需要，更多大规模种植的苗木电商纷纷前往其他村寨租地开展苗木培育。

案例 2-5

QWQ，男，返乡创业大学生

2016 年我返乡参加家庭经营的电商苗木生意，同年开了网店，通过微信视频给顾客展示。我家在汉塘村可以种植苗木的土地太少，后来到赤岭村的公路旁租地种植苗木。

电商通过互联网将苗木销售的讯息发送到外部市场中，苗木市场销售区域扩展得更加庞大，销售量也在不断增长，电商产业的需求不断发展促进了电商苗木种植规模的扩大。在汉塘村，像 QWQ 一样在外租地从事苗木电商产业的商家不在少数，在苗木种植规模不断扩大的情形下，村落苗木经济规模的效应也更加明显。

（二）示范效应显著

汉塘村苗木产业发展有所成效后，周边的村庄和乡镇也开始种植和培育苗木，伯劳镇、文利镇、白石水镇、北通镇、檀圩镇、那隆镇等周边各镇，均有从事苗木培育的农户和电商从业者出现，苗木的培育和种植已经成为群众的致富之选。

（三）城乡差距显著缩小

经济收入是消费的基础，汉塘村电商产业发展起来以后，居民的年收入稳步提高，在日常的消费中，逐渐向城镇的消费模式靠拢，与城镇居民的收入差距也在逐渐缩小，甚至部分电商的家庭收入有赶超城镇家庭的趋势。在苗木电商产业链中，从事苗木电商的家庭经济收入相比以前有明显的提升，在农用物资的购买上更加主动积极，基本上从事电商产业的家庭都会有一辆专门用来运送苗木的卡车，同时还会购置小轿车便于家庭的出行需要。

二、村落经济结构趋向单一化

汉塘村电商主要通过苗木产业开展，苗木产业一枝独秀，致使经济结构渐趋单一。村落中出现的各项服务和基础设施的建设都围绕苗木电商产业展开，其他的产业的发展和原来种植、养殖型的家庭经济模式也日渐式微。

（一）苗木产业一枝独大

汉塘村村民从事苗木产业的家庭居多，苗木产业在汉塘村发展一家独大。全村成立苗木公司共有 6 家，以销售苗木为主的淘宝店铺 300 余家，2016 年汉塘村的苗木年销售额达到 1.5 亿元。[①] 苗木电商产业在汉塘村中发展迅速，可获得的经济收入高，因此许多村民的生产劳动都是围绕苗木电商产业展开，为这一产业的发展提供服务。在苗木培育过程中，需要各式各样的布袋，汉塘村村民看到了这一商机就为苗木培育提供布袋生产服务，目前村里共有两家布袋生产店；在苗木的养护过程当中，需要大量的劳动力投入到苗木维护中，为苗木打药、杀虫、除草来帮助苗木健康生长，村里的闲散劳动力自发组成临时队伍，当苗木大户需要对苗场进行维护时，就会前去参与；苗木电商产业的发展也进一步吸引了村外产业的入驻，为方便电商发货，村里共设有两个总快递发货点，每天下午都会有专车来运送苗木。

---

① 资料来源：由汉塘村村委提供的《汉塘村委苗木种植情况简介》（内部资料）。

（二）其他种养项目式微

汉塘村苗木产业的发展壮大，也在一定程度上对村落其他产业的发展产生了抑制作用。原来家家户户都种植水稻，还种植香蕉、荔枝、龙眼等水果，现在更多的家庭将精力转移到了苗木产业的经营中，专心从事苗木电商产业的发展。目前，汉塘村几乎人人都参与到电商苗木的产业链中，其他产业的发展规模逐渐萎缩。在苗木电商产业发展起来以前，汉塘村村民从事过具有一定规模的动物养殖产业，也获得过不错的经济收益。但在苗木产业发展起来以后，越来越多的村民放弃了原有的产业，转身投入到苗木电商的产业中。现今在汉塘村中从事养殖业的农户已经越来越少，村中仅有两户从事鱼塘养殖产业，而原本经营大型养猪场和养蛇场的农户均已经转行从事苗木电商或进入到打工者的队伍之中。

三、苗木产业链趋向成熟化

苗木电商产业的发展逐渐向专业化和精细化的方向靠拢，村落中配套服务不断完善，分工更加明确的经纪人群体也开始显现。

（一）产业链分工专业化、精细化

电商产业在发展的过程中逐渐形成了更加成熟的苗木电商产业链条，政府、企业、电商平台、农户、物流之间联系紧密，有着清晰的专业化分工。政府作为领导力量，在促进电商产业的发展过程中积极做好配套设施的服务，帮助村落完善基础设施建设；在政府优化水、电、道路等基础设施及产品销售政策后，电信、信贷等围绕农村电商运营的相关企业也及时跟进，提供信息技术和贷款融资等服务；电商平台作为信息的集散地，能帮助电商接触到更多的市场信息，及时与农户沟通联系调整苗木培育品种；农户在产业链发展过程中分化成大户和小户，在大户带领下紧跟市场需求，培育种植新品种，持续为客户提供高质量苗木；物流则随着苗木快递发货量的不断加大，主动从乡镇进一步下沉到村落，平日定点上门取件，忙时使用大宗物流，极大地便利了产品外运。

（二）村内配套服务发展较好

汉塘村作为"灵山县电商第一村"，不仅有着专业化的苗木电商产业链，同时也具备与电商发展相配套的一系列基础设施。乡村网络普及的方面，政府部门联合移动、电信、联通等网络通信运营商，完善村庄的网络设施。目前，汉塘村已经实现网络全覆盖，家家都通了网络。物流运输方面，快递作为电商的配套服务，紧跟电商的发展需要。汉塘村目前有"村邮乐购"2家，其他快递整合点1家，共同助推村内苗木产业的持续发展。

（三）经纪人群体初步出现

当电商产业发展到较为成熟的阶段时，电商苗木的大户也逐渐掌握了苗木市场的人脉资源，不少从事电商产业的大户开始直接利用其掌握的人脉资源开展苗木销售，自身的苗木种植产业逐渐减少。

除了在本地有苗木场地进行种植，汉塘村的苗木产业已经拓展到了云南、四川等地，一些专业负责销售的群体开始显现。他们赴全国各地进行苗木市场的考察，平均每半年开发一个新的地区，结合电商开展销售工作。同时，经纪人群体掌握有较多的苗木销售市场资源，一旦有什么苗木缺货，就会利用电话联系、微信群交流等方式进行调货，顺利完成苗木的销售流程。

小结：互联网与村民生计

随着科学技术的不断进步与经济的快速发展，我国互联网的覆盖范围逐渐扩大。乡村网络的覆盖率和使用率也不断上升，越来越多的乡村市场开始与互联网产生连接。汉塘村作为"灵山县电商第一村"，早在 2008 年就开始逐渐迈向互联网市场，长时间从事苗木电商行业使得该村有较长的入网经历，让该村在产业发展和生计方面都发生了巨大的改变。在原来传统的苗木种植销售模式下，汉塘村村民的生计模式以农业劳动为主，分布在农业、林业、渔业、副业等领域。在互联网苗木电商产业的发展下，人们的生计方式开始发生变迁，生活方式逐渐围绕苗木电商产业展开。在汉塘村，日常的苗木培育与种植、网络接单、打包发货已经成为人们生活中的主要工作，上午找苗贴单、下午集中发货成为了村民生活最基本的日常。

互联网苗木电商的介入让汉塘村苗木产业链整合的更加完善，多元化主体的加入，彻底改变了汉塘村苗木产业的组织形式，助推汉塘村苗木产业的发展，促进汉塘村的产业实现升级转型，让汉塘村苗木产业的发展更高效。可以说，互联网苗木电商的发展彻底改变了以往汉塘村民的生产生活方式，丰富了村民的生活，让汉塘村与城镇之间的差距缩小，村民的幸福感和满足感也逐渐提高。

综上，虽然互联网对汉塘村苗木产业的发展有积极作用，但由于缺乏高质量专业人才，仍然让汉塘村苗木产业链的升级存在困难，苗木培育专业化、实现苗木标准化生产的难度仍然较大，这造成了汉塘村苗木产业发展的局限。

第三章

群体行动、政府干预与农村电商产业成长

汉塘村被誉为"灵山县电商第一村",这是灵山县武利镇打造"一村一品"的一个缩影,也是一个成功典型。本章主要论述汉塘村苗木电商产业成长的条件,围绕村民群体行动、政府干预两大基本力量,探讨如何整合村内资源与外部市场,促进良性产业生态的形成。

第一节 集聚效应与产业生态

产业兴旺是乡村振兴的基础,也是重点。乡村振兴的方式多种多样,产业发展方式就是其中之一,产业发展最终要成长为产业集群,从而建立起可持续的产业生态。

一、产业发展偏好集聚效应

乡村要想实现产业兴旺,就需要充分依托地方资源,挖掘本土产品,打造本土特色,并不断将其发展成为规模化与产业化,形成自己独有的产业优势。产业化作为一种经济形态,需要规模效应,这种规模效应的最终表现就是产业生产者在空间上的集聚。汉塘村是武利镇所有行政村中最早进行苗木培育的村庄,早在

20 世纪 80 年代，该村村民就开始自发培育苗木并销售，发展至今已成为武利镇最大的苗木生产基地。随着该村庄苗木培育产业不断发展壮大，如何外销成为了急于解决的问题。2008 年，汉塘村 HZW 等一两位村民开始尝试通过电商平台进行销售，并得到意想不到的效果，打破了传统线下销售的时空限制，打开了线上销路新渠道，成功解决了"苗木难卖"的现实难题，为苗木外销提供了新的解决路径。大多数村民看到了电商带来的快速盈利，也开始"跟风"进入。随着网店数量的不断增长，形成了一定的发展规模，带动了相关产业的发展，产生了良好的集聚效应，具体表现如下。

（一）苗木品种聚集

汉塘村以苗木产业作为其发展的基础，其传统苗木培育和销售方式较为稳定。但随着苗木电商产业的不断发展，市场对苗木品种要求多样化，如有短缺市场需求的品种，就会通过向外部市场引进或自己进行培育新品种。目前，除了一些不适合培育的苗木品种外，汉塘村基本都培育有市场需求的苗木品种。

（二）苗木农户聚集

汉塘村 80% 以上村民都拥有苗木产销的经历，有土地的家庭基本都会进行苗木培育。由于苗木电商给村民带来了很大的收益，村民看到其背后的利益发展趋势，选择留在村庄发展苗木产业。苗木生产培育基本由中老年人来负责，而青年群体则负责线上销售。

（三）电商平台聚集

电商平台打通了农村农产品与外界的联系，突破了时空的限制。村民通过电商平台进行苗木销售，有效解决了农产品"难卖"的问题。为了打开更广阔的销售市场，获取更多的利益，大部分村民选择了多平台运营。由于加入平台门槛低、投资少，促进了电商平台的聚集，如"淘宝""京东""拼多多""惠农网"等。

（四）快递物流聚集

汉塘村大多数村民通过电商平台运营进行苗木销售，取得了很好的效果。伴随着村庄网店数量的增多，大量客户通过网络下单，苗木销量迅速增加，吸引了快递公司的投资建点。许多快递公司入驻村里，有效解决了村民快递"最后一公里"[①]的问题。

二、集聚效应维系产业生态

构建产业生态体系的关键在于产业生产者和相关要素的空间集聚，这是产业生态可持续的基础和关键。汉塘村发展苗木产业有着明显的优势：一是地理位置优越，距区域中心镇武利镇仅 10 公里，处在区域 5 个乡镇交界处，位于 4 条高速路形成的长方形网格中，南北均有省道接入，乡道贯穿该村；二是育苗历史悠久，有经验，有技术。随着村民自发电商运营进行苗木销售，给村里带来了一系列的变化，村里的基础设施得到不断完善，如道路硬化、信号塔搭建和篮球场修建等。基础设施的不断完善为村里的产业发展做好了相关铺垫。

村民通过电商平台运营，吸纳了外部主体的进入，其中最为明显的就是电商平台和快递物流公司。电商平台帮助村民打开了线上销售渠道，拓宽了客源市场，有效促进了苗木销售，增加了村民的收入；快递物流公司的入驻帮助村民节省了生产交易成本。据笔者实地考察了解到，快递物流公司刚入驻村里时，村民承担的运输费用较高，极大影响了村民的收益。为了降低运费成本，村民不断发展自身产业优势、探索解决包装重量问题，同时也通过各种方式与快递公司互相协商，最终达到互利共赢的目的。总之，汉塘村当前产业生态体系吸纳外部主体进入，基础设施不断强化，均得益于产业生产自身的集聚力量，这种集聚主要是为了节约交易成本，最终增加村民收入，促进村庄经济发展。

---

① 最后一公里：出自党的十八大之名词，指党的十八大以来，政府致力于各项公共服务下沉社区，提升公共服务可及性的各项便民利民举措。要让人民群众真正得实惠，就要切实解决好"最后一公里"问题。

三、产业生态需要政府干预

在现代经济发展过程中，政府扮演了特殊而又重要的角色，乡村产业生态发展离不开当地政府的支持与引导，政府在空间规划、要素分配、规则制定、秩序维系等方面发挥的重要作用不可忽视。基于此，村庄产业生态发展自然离不开政府的干预。汉塘村的产业生态发展亦离不开当地政府的支持与引导，具体表现有四个方面。

（一）空间规划，保障土地用途

在中国广大乡村中，乡村和土地是分不开的，因为土地是乡村发展的根源，足见土地对乡村发展的重要性。在汉塘村，由于村庄人口众多，土地有限，因此当地政府进行了较为严格的空间规划，保障土地合理使用。如房屋建设方面，在进行新房修建前需按要求上报政府相关部门，征得同意后方可建房，否则属于违规建设；苗木基地建设方面，需严守"耕地红线"，不能随意在土地上搭建种植基地等。

（二）联系外部主体进村，促进村庄经济发展

当地政府在招商引资、政策支持和服务外商过程中具有重要作用。在汉塘村，政府引导电商平台和快递公司进村，目的就是为了促进当地社会经济的发展。在笔者对快递公司负责人 M 的访谈中，M 说："我不是本村人，却能够进到村里来做快递行业，离不开政府的帮助与支持。"政府之所以引导快递公司进村，目的就是想帮助村民解决快递"最后一公里"的问题，促进村庄相关产业经济的发展。

（三）引导村"两委"建设，发挥村"两委"基层组织作用

村委会是中国农村的基层组织，与群众联系密切，其作用和地位是无可替代的。村"两委"在基层组织建设中是政府与群众沟通的桥梁和纽带，政府引导村

"两委"建设，有利于提高其政策执行能力和办事效率，发挥基层组织的自我管理和自我服务的作用。

（四）规范生产经营行为，促进村庄经济健康发展

由武利镇党委和政府牵头，在广泛征求广大村民意见的基础上，针对生产经营秩序混乱、无序竞争加剧等问题，制定了《汉塘村苗木生产经营公约》《汉塘村反不正当竞争管理办法》《汉塘村苗木销售及售后服务规范指引》。通过强化村委会权威，用于规范苗木培育环境、生产管理、销售及售后服务，不仅规范了经营者行为，也为全村产业持续健康奠定了基础。

第二节　电商产业集群的经验形态与社会基础

汉塘村电商产业集群的形成是在其特有的村落社会结构和传统苗木产业基础上，借助现代互联网技术优势，由广大村民和外部主体共同努力、充分发展的结果。

一、产业集群：内核维系与空间外溢

关于产业集群概念的界定有多种，本书主要引用哈佛大学迈克尔·波特（Michael Porter）教授于 1990 年在《国家竞争优势》一书中提出的对集群现象的解析："产业集群是指在特定领域中，一群在地理上集中，且有相互关联性的企业、专业化供销商、服务供销商、相关产业的厂商，以及相关的机构（如大学、制定标准化的机构、产业协会等），由它们构成的群体。"[1] 产业集群的核心是产业内核，而产业集群发展到一定程度就会形成相应的产业空间。汉塘村的产业内核是基于其村落传统苗木生产与电商运营相结合的优势。汉塘村培育苗木时间较

---

① 袁雄、戴晴晴：《我国经济发展的一种重要战略方式——产业集群》，《企业经济》2004 年第 11 期。

早，有苗木培育技术和经验，通过不断发展和培育苗木，已形成一定的产业规模；该村同时也是电商运营较为成功的村庄，依靠电商平台，村民实现在家创业增收，利用线上线下相结合的方式进行苗木销售。

空间外溢则表现为村民外出租地生产、向外部购买苗木进行销售以及带动伯劳镇等乡镇从事苗木电商和电商从苗木扩展到水果、特产销售等。随着汉塘村苗木电商产业的不断发展壮大，原有苗木产业基地难以满足其需求，发展较好的大户如HZW、QWQ等人就会到周边邻近的村庄或乡镇租地，进行苗木生产和向外部购买苗木进行销售。汉塘村苗木电商经营的成功，吸引了不少邻近村庄的青睐，其通过亲属或家族等关系间接效仿汉塘村的经济发展模式。汉塘村目前主要以苗木培育为主，水果种植较少，但其经济发展模式却深深影响了邻近村庄及乡镇的农户，使他们不仅从事苗木电商经营，而且也将电商经营范围逐渐扩大，经营种类从传统果苗逐步扩大到各种海外新品种，地域范围也从南方热带亚热带水果产地扩展到华北、西北等温带水果产地。

二、产业集群的经验形态

苗木产业经由传统单一产销方式向多主体互动、多渠道发展的模式转型，经过企业数量不断增加，电商销售技术前进发展，形成以市场为导向，以生产链群体向职业化、专业化为核心，在要素集聚的基础上形成良性的、可持续发展的产业集群。

（一）区域苗木批发中心形成

汉塘村以大力发展苗木电商产业为桥梁和纽带，成为事实上的批发中心，我国南方苗木集散地之一。该村庄80%以上的农户培育苗木，主要种植、销售各种"名、特、优、稀"苗木及绿化苗木。主营品种有芒果类、荔枝类、龙眼类、番石榴类、牛油果、柠檬类、果桑类、绿化苗木等300余个品种苗木。近些年，每年销售各种苗木数百万株，在旺季每天都会有大型车辆到村里装运苗木，销售总额达 1.6 亿元。据村委会统计显示，截至 2022 年年底，村民在各网络平台建立的苗木销售网店有 400 余家，其中"阿里巴巴"51 家、"一亩田"162 家、"惠农网"206 家，以及线上线下相结合的苗木公司 52 家，电商从业人员 750 余人。通过运营电商平台，培育的苗木远销全国各省及中东、东亚、东南亚和南美洲等地区。

（二）村内产业链分工明确

汉塘村基于村落传统苗木生产与电商运营相结合的优势，已经形成一条从生产到销售相对明确的产业链。小户因其资本、文化和技术有限，主要以苗木生产为主，少部分进行电商运营销售苗木；大户有一定的资本、技术和经验支撑，开设公司进行电商运营，主要以销售苗木为主，同时也培育有一定的苗木。村里有专门的"打工队"，相对来说，这些人员有技术、有经验，他们在干完自家农活后，有雇主请人嫁接或移植苗木，他们就会投入他人苗木产业中，增加日常收入；有专门的雇工，一般大户才会请，雇工一般负责苗木生产护理、苗木包装、苗木运送等工作。村内还有专门生产苗木培育所需的包装袋的厂家，一般由家庭妇女来完成生产工作。快递公司负责装货和运送，并最终把货物运送到客户手中。

（三）县域分工协调有序

汉塘村主要收入来源以种植业为主，多年来形成了各种苗木培育产销一条龙的经济体系。通过血缘、亲缘、业缘等关系向周边地区进行扩大生产，便于与周边村庄（如竹坡村）及乡镇（如伯劳镇）等形成苗木种植销售的有效协调，品种错位，相互调剂余缺。在接到大批量订单时，村庄若没有足够的货源，就会从周边村庄或乡镇调货以满足客户需求，从而间接带动了周边村庄及乡镇的发展。通过与周边村庄及乡镇进行种植销售的有效协调，避免恶性竞争，促进共同发展。

（四）外部市场衔接紧密

一是销售范围大。汉塘村村民通过电商平台，突破了传统线下销售范围的局限，通过线上销售打开了更为广阔的市场。二是与同行之间联系密切。向海南种植基地购买种子或苗木并进行相应的合作，实现了互利共赢。三是关注电商发展。东部沿海地区发展电商较早，也相对较为成功，宿迁沭阳县素以改革创新精神闻名全国，创造了令人瞩目的"沭阳速度"[1]，跻身"全国百强县"行列，其苗木电商发展很好且富有电商销售经验，汉塘村民便向其学习了解有关电商销售经验并学以致用。随着市场规模的扩大，村民紧跟市场步伐，甚至有的村民向云南、贵州、四川等地派遣销售团队，开设店铺和苗木生产基地，实现精准营销。

三、产业集群的社会基础

（一）区域传统经济

汉塘村在没有发展苗木电商之前，和我国大部分乡村一样，主要是以粮食种植为主，水果种植等为辅的农业生产方式。村民在农业生产活动结束后会外出打工积累资金，年轻人则很少做这方面的农活，部分学历较低的青年人在毕业或辍学后就会选择外出打工，因成家或家庭需要，才会回乡发展本地事业。汉塘村有着传统苗木生产发展的历史，是武利镇所有行政村中发展苗木培育最早的村庄。

（二）浓厚的宗亲互助传统

在乡土中国，传统乡村具有悠久的互助文化资源，通过亲缘、地缘关系得以传承，村民之间本身就是亲戚、邻里，有一套熟人社会的人情交往原则。[2]从

---

① 沭阳速度：2009 年以来，江苏省沭阳县大力发展实体经济，优化现代产业体系，持续推进"小微企业进规模、规模企业冲亿元、亿元企业上台阶"梯次培育计划，实现了从"贫困生"向"优等生"的转变。自 2009 年起，该县年度目标考核、招商引资考核两项指标在苏北县域考核中常年位居第一。沭阳县委被中组部表彰为"全国创先争优活动先进县（市、区、旗）党委"，该县委创先争优典型经验被央视"焦点访谈"栏目作深度报道，被誉为"沭阳速度"。

② 郝国强：《优序求助：互联网时代的乡村互助关系重构》，《思想战线》2020 年第 2 期。

村民居住的聚集性就可以看到汉塘村紧密的宗族关系。一般来讲，同一姓氏的宗族都会居住在一起，形成一个条带或聚落居住。此外，从大户带小户的互助行为也可以看出，同宗族的大户在接到大批量订单后，自己的基地苗木无法满足供应时，会优先考虑家族或亲戚，也就是所谓的"熟人关系"找苗。该村庄多生育偏好，基本每家每户有至少两个小孩，如此发展就会形成庞大的家族，最终发展成为具有凝聚力和宗亲互助的宗族关系。笔者在采访村医时，谈起家族，他首先拿了一张家族大合照给笔者看，大致估算该家族的人口起码有40人。

正是基于家族之间的互帮互助，从而促成了村内宗族合作与村外姻亲合作。据笔者实地考察了解到，邻近村庄发展苗木电商，一般是从与汉塘村有亲缘关系的农户率先做起，通过亲缘关系和"传、帮、带"的方式帮助其发展苗木电商容易获得成功。

（三）家庭经济代际互补与接力优势

在汉塘村家庭经济代际关系中，苗木电商没有发展之前，家庭经济代际关系互补并不明显，父母做什么，子女也会跟着做，并提供力所能及的帮助；村庄苗木电商发展后，家庭经济代际关系互补日渐凸显，父辈一般负责苗木生产和管理，子女则负责销售。这主要是由于在互联网时代，父辈的知识和文化以及接受新生事物的能力在一定程度上不如年轻人；另一方面，苗木生产培育和管理需要相关种植技术和经验，并非简单传授便可学会，需要时间的沉淀，这正是年轻人所欠缺的，而这恰好形成了互补。汉塘村有着传统的接力优势，村内许多年轻人一般都会先外出打工，成家后会选择回到家乡发展，进行家庭产业经济传承。

（四）网络电商示范与传播效应

在汉塘村有着很好的网络电商榜样，如苗木电商大户HZW，他在2008年尝试通过电商平台进行苗木销售，并取得了意想不到的效果。通过不断创新发展，其成为了"苗木电商达人"。由于进入电商门槛低、投资小，近年来，在一些电商大户的带领和影响下，村里的青年群体返乡创业，做起苗木电商生意，实现财富增收。

第三节　村落群体电商产业实践的场景分析

汉塘村苗木电商产业是由村民这一群体具体实践的，以家庭为基本单位的苗木产销模式和村内分工明确的专业化服务构成了村落电商产业实践的基本场景。

一、以家庭分工为基础的苗木生产

（一）代际分工

代际分工已经成为农村最基本的家计模式，随着中国经济的快速发展和进入互联网时代，代际分工表现得越来越明显。在汉塘村表现得尤为明显。在一个家庭中，父辈一般负责苗木培育和管理，已婚子女负责销售，未婚子女参与。对于经营苗木电商的家庭，要想从头到尾一个人负责苗木生产到销售，是难以实现的，因为这一流程下来需要花费很多时间和精力，个人的力量是做不到的。苗木培育和管理需要有专人打理，电商平台运营亦是如此。通过代际分工正好形成了互补，促进了家庭经济的发展。

（二）性别分工

在乡土社会中"家"的观念早已在人们的脑海中根深蒂固，合理的性别分工对构建和谐家庭具有重要意义。在汉塘村性别分工方面，父辈分工不明显，但在已婚子女中就体现得很明显。一般性别分工方式有如下两种：一是女性负责维护网店，进行线上直播和接单，男性负责找苗、打包和发货；二是男性负责维护网店，进行线上直播和接单，然后找苗、打包和发货，女性负责带子女、照顾家庭和辅助劳动。当然这两种方式不是绝对化的，具体要依据个人家庭实际情况来进行分工。正是基于这样的性别分工，对构建和谐家庭至关重要。

（三）血亲联合

在汉塘村苗木产业发展中，多数以兄弟关系为主的扩大家庭共同生产与销售模式，这样有利于扩大产业规模，使其往专业化方向发展。如返乡创业大学生QWQ，与其弟弟两人共同创业，他除了负责销售外，也负责财务统计，通常会利用利润进行第二次扩大投资。目前除了由父母经营的苗木基地之外，两兄弟还在赤岭村公路旁租地3亩，购地6亩。正是基于以兄弟关系为主的扩大家庭共同生产模式，使得其产业规模进一步扩大。此外，也有少数农户以姻亲关系为基础的联合销售模式。由于汉塘村能够培育苗木的土地有限，加之人多地少，有些农户就会通过姻亲关系，将苗木生产外延到周边村庄，通过这样的方式扩大苗木生产，也间接帮助其亲缘进行创业和实现财富增收。

二、村内分工明确的专业化服务

（一）产业链分工明确

从苗木生产到销售，实现全程一体化服务。小户主要以苗木生产为主，大户主要以销售苗木为主，打工队一般主要负责苗木嫁接和移植，雇工一般负责苗木生产护理、苗木包装、苗木运送等工作，纸杯厂主要生产苗木培育所需的包装袋，快递公司则负责装货和运送，并最终把货物送到客户手中。在如此分工明确的产业链中，只要客户有需要，线上下单，农户接单后，就能快速满足客户需要，并提供有质量保证的苗木。正是基于明确的产业链分工和产销一体化服务，使得汉塘村在武利镇所有行政村中脱颖而出，真正成为名副其实的"电商村"。

（二）配套服务分工齐全

汉塘村基础设施建设较为齐全，从乡镇到村里，道路已基本实现硬化；村内安装有信号塔，满足村民上网及电商运营需求，使村民与外界的联系畅通无阻；村委会建有篮球场及相关体育健身器材，满足村民的健康生活需求。在金融信贷方面，有专门机构下乡入村宣传，一般小额贷款在线上就能办理且操作也较为简单便利，额度较大的贷款则需要通过村委会办理相关手续，然后再到贷款机构进行办理。村里有专业的农资销售店，笔者在和农资销售店主访谈过程中得知，其家中也进行苗木培育，自己需要购买化肥和农药等，就顺带提供给村里。农户需求量大就会从外面购买，量小一般会到店里购买。较为完善的服务配套设施，为汉塘村苗木电商助力，使之更好地发展。

（三）生活性辅助分工发育较好

汉塘村建有小卖部、餐馆、理发店、农资销售店、摩托车修理店及流动卖菜车等，其发展就像是"小城镇"的缩影，基本能满足村民的日常生产生活需求。一个村庄能有如此发展，这正是基于苗木电商发展所带来的结果。苗木电商发展吸引青年群体返乡创业，外部主体的进入，导致村内人流量增大，人员往来增多，促进了村庄相关行业的发展。

三、大户批发与小户零售

（一）大户自产自销，并联系外部客商进行批量销售

大户主要使用"阿里巴巴""一亩田"和"惠农网"等平台进行直播销售。大户批量发货并带动小户销售，货源不够时找小户凑单。在汉塘村，大户自建有苗木生产基地，并租地种植扩大苗木生产规模，且品种繁多，逐步向专业化方向发展。大户自产自销能力较强，一是其拥有一定的资本、技术和经验，以及相对完善和先进的设备，二是他们往往见识较广，对市场有一定的了解，敢于投资把产业做大做强，其苗木产销管理较为规范，容易获得市场认可。

（二）小户以零售为主

在汉塘村苗木电商发展中，小户居多，其家庭基本都有育苗基地，规模相对较小。他们主要入驻"淘宝""快手""抖音""拼多多"等电商平台，每天在平台接单后，第二天上午找苗、选苗和打包，下午4点左右集中发快递。因小户主

要是以零售为主，发货量小，所以获取的利润也相对较低。

（三）大户与小户互动频繁

在现代乡土社会中，费孝通先生在《乡土中国》这本书中提出的"差序格局"没有过时，依旧发挥其特有的作用，这在汉塘村就有很好的体现。有些小户自己没有经营电商，依靠大户资源带货，而大户依据亲属关系选择带货对象；大户为小户提供优质母树和新品种，小户为大户提供待销苗木。正是基于这样的关系，促进了大户和小户之间的彼此联系。此外，小户也会经常到大户家中或基地聚会，或一起到乡镇、县城消费，增进彼此之间的联系和情感交往。同时，大户带小户发展，为小户提供相关技术指导，包括苗木嫁接、田间管理、产品包装、新品种开发与护理、网店开办与维护、网络纠纷处理，等等。

四、旺季与淡季的劳动安排

（一）旺季集中销售

旺季主要集中在 1—6 月，一般在春节期间村民就开始种植苗木了。村里的中老年人早上 6 点就开始干活，下午 6 点收工，有的甚至到晚上 8 点，劳作时间超过十二个小时。年轻人则是早上 7 点左右起床，晚上 12 点休息，有的甚至忙到凌晨两三点钟。发货规模每天在 5000 ~ 10000 单不等，平均每天有七八辆大车到村里装运苗木，甚至有时会造成道路拥堵的情况。汉塘村在旺季销售期间，在田间地头、道路上和快递装运点都会看到村民们忙碌的身影以及道路两边摆满各种即将装运的苗木。

（二）淡季育苗和田间护理，少数小户外出打工

在淡季期间，苗木一直都会有供应，只是没有像旺季那样繁忙，订单会相对少些。村民则会利用这段时间来进行育苗，为旺季销售更多的苗木做好准备。淡季年轻人会赴乡镇或县城消费，适当放松或解压；中老年人在淡季依旧比较繁

忙，要么在田间护理自家苗木，要么在为村里的大户打工。淡季期间村民的日常生活都是较为充实的，中老年人会在上午和下午干活，中午休息；而年轻人则上午 10 点左右开始起床干活，下午 4 点左右集中到村中心小卖部发快递，晚上经营电商，做直播。

第四节　路径选择、群体偏好与资源整合

汉塘村苗木电商产业采取了"先行带后发、大户带小户"的集聚式产业发展路径。村内紧密的宗族血缘关系，使得先行先试的大户群体面临带领宗族共同发展的道义责任，很难脱离村落进行单独生产或转向其他行业。在这种群体行动基础之上，苗木电商发展壮大受惠于村落既有宗族关系网络，而产业集聚的内在需求则进一步促进了村内资源整合。

一、产业集聚的一般路径

产业集聚是指在一个适当大的区域范围内，生产某种产品的若干个不同类企业，以及为这些企业配套的上下游企业、相关服务业，高度密集地聚合在一起。产业集聚一般要经历四个发展阶段，即自发成长阶段、创新崛起阶段、集聚成长阶段和集群化发展阶段。

汉塘村苗木产业在 20 世纪 80 年代至 2007 年属于自发成长阶段。一开始进行苗木生产与销售，主要以线下销售为主，通过集市摆摊的方式售卖苗木，销量和销售范围有限。2008—2014 年属于创新崛起阶段。2008 年，育苗大户 HZW 返乡创业，开始经营电商平台，并通过经营电商平台成功销售苗木，但这一阶段村庄内从事电商的人数相对较少，苗木电商还处于探索创新时期。2015 年至今属于集聚成长阶段。村里的基础设施不断得到完善，快递公司入驻村里。通过发展苗木电商，苗木销售产生了巨大的经济效益，带动了青年群体返乡进行苗木电商创业，使得汉塘村经营电商平台人数增多，但在此阶段出现了经营的电商产品

同质化较为严重，究其原因是缺乏产品品牌意识、缺乏产品特色和技术支撑。目前汉塘村还没有进入集群化发展阶段，按照目前其发展趋势，进入这一阶段还需要很长的时间。

二、产业集聚中的群体偏好

（一）宗族利益一致

在乡土社会，宗亲之间具有浓厚的互助传统，同时受宗族关系的制约，大户具有带领小户发展的道义责任。电商大户 HZW 在经营苗木电商成功后，并没有选择一个人独自发展和享受电商带来的收益，而是在自身发展到一定阶段后，帮助两个弟弟走上苗木电商发展之路。刚开始是兄弟之间进行合作，当发展到一定规模后开始分开经营，同时彼此之间也会经常联系和互助。

（二）群体跟从行为明显

先富者示范效应，群体选择跟从，共同发展。笔者在汉塘村走访调研，与许多大户和小户交流，得知 HZW 经营苗木电商的成功在汉塘村家喻户晓。正是由于这样一个成功的典型，证实了农村通过电商平台销售苗木切实可行，极大消除了村民们的疑虑和顾虑。随后村民们选择跟从其经营苗木电商，通过群体抱团发展，汉塘村成为了名副其实的"电商村"。正是通过这种一人发展带领众人致富的方式，最终实现了村民的共同发展。

（三）村内松散合作与适度竞争

在现代社会中，一个人不可能独立地生活在社会之中，而人与人之间的竞争与合作又是我们社会生存和发展的动力。在汉塘村合作与竞争并存，依托宗族、同学、朋友、姻亲等关系进行合作，合作频率大户要高于小户。大户之间存在一定的竞争，主要是网店相互压价，但实际线下销售则以相互调货等方式合作。大户有较强的产业规模化意识，小户则以松散自主经营为主。

（四）市场导向的种植选择

遵循市场需求导向原则，即根据市场种植需求调整种植品种及开发新产品。笔者通过对 HZW 访谈得知，其希望把苗木电商推深做实，希望建有大数据平台，并通过把握市场发展趋势、了解苗木价格、掌握市场需求的果木品类，然后进行有针对性的品种生产和更新升级。关于新品种开发，一般都会先到国内外市场进行实地考察，真实了解苗木销售及新产品上市情况再决定。因育苗周期长，对市场需求反应较为滞后，新产品一般是市面上有才会去做且规模不大，目前主要以传统苗木产品为主。

三、产业集聚对农户资源配置的影响

（一）扩展销售渠道

产业集聚使集群内企业为提高协作效率，对生产链分工细化，有助于推动企业群体提高劳动生产率。此外，产业集聚使得农户能够更稳定和更有效率地得到供销商的服务，比较容易获得配套的产品和服务，及时了解本行业竞争所需要的信息。通过专业化发展苗木电商，逐步形成以苗木电商为核心的产业集聚。从某种意义上来讲，这有利于满足市场消费需求、挖掘市场潜在需求和创造市场未来需求。对于农户来说，真实解决农产品销售渠道问题，才是其所期盼的。

长期稳定可靠的销售渠道是调整优化苗木产业结构的前提和基础。农户种植苗木的理想状态是实现消费需求的"持续、稳定、长期、可控"，只有这样才能让苗木生产成本最大化摊薄，弹性种植生产。汉塘村通过发展苗木电商，突破了传统的时空限制，实现了"点对点"销售，减少了不必要的中间环节，拓宽了苗木产品销售渠道，促进了苗木产品销售，有效对接市场新需求，能够帮助农户切实解决苗木"难卖"的现实问题。

（二）增加农户收入

在传统的苗木发展过程中，多数农户采用自产自销的线下销售方式。这种销售方式有利有弊，弊端就是流通环节过多，使中间商不断地获利，最终使农户收益减少。在市场上存在大量同质化产品的情况下，通过产业集聚，将生产苗木的若干个不同类企业，以及为这些企业配套的上下游企业、相关服务业，高度密集地聚集在一起，有利于提升苗木产品质量，提供更多的苗木产品供消费者选择，更快捷地匹配供需关系，有助于促进消费。正是基于产业集聚带来的效益，苗木农户采纳电商业态后，一般都会扩大销量，提高利润。同时，产业集聚体本身就可提供更多的就业机会和发展机会，农户可以参与其中并从中受益，从而增加农户收入。

（三）实现利益共享

电商作为一种新型的交易方式，将生产企业、流通企业以及消费者和政府带入了一个网络经济、数字化生存的"电子新天地"。其可以通过细分市场，筛选不同规格的农产品，并能在农户、物流、电商平台、体验展示等终端环节上建立合理的利益共享机制，从而调动小农的积极性，形成推广合力。汉塘村村民通过经营电商平台，既可以实现苗木销售，也可以在网上购物，如购买生活日用品等，方便快捷。其通过电商发展带动了产业集聚，为村庄注入经济发展活力，不仅增加了村民的收入，而且留住了农村劳动力，最终实现了村民返乡创业致富的美好愿景。

（四）规范农户经营

产业集聚促使电商往更专业化的方向发展，规范平台用户经营，对平台用户要求越来越高，适者生存，否则就会被淘汰。笔者在与汉塘村农户访谈过程中得知，对农户来讲，进入电商平台门槛低、投资小，很容易，但随着电商的不断深入发展，经营成本越来越高，对农户的管理越来越严格，对于电商平台制定的规则只能遵守却不能轻易改变，因此有些农户退出了电商平台。随着产业的集聚，苗木电商之间有竞争也有合作，有利于规范农户经营行为。因此，要想发展好苗木电商就要把握电商发展规律，遵循好电商平台规则，按照其市场需求进行维护、投资和管理。

四、产业集聚对村内外资源整合的影响

（一）村落产业结构优化

近年来，随着经济的快速发展，产业集聚开始成为经济发展的主流。从某种意义上说，产业集聚为农村产业结构调整优化和空间布局提供了新机遇。在一定范围内，生产相同或相似产品的企业，或生产上下游产品的企业，在外在规模经济的驱动力下，为提高生产效率、降低交易和信息成本、增强企业竞争力，必然会逐步把本企业转移至相关产品的集聚区发展。汉塘村主要以种植业为主，通过发展苗木电商，吸引了许多外部主体的进入，如店铺、电商平台、纸杯厂和快递公司等，促使了产业的聚集，改变了村落单一的经济发展模式，使村落经济往多元化方向发展。此外，产业的集聚扩大了汉塘村经济发展的范围，使苗木产销规范化管理，增强村落经济实力，实现苗木产业一主多辅，增强了抵御风险能力。

（二）农产品产业链重构

在传统的农产品消费模式中，农产品产销信息不对称，农产品生产者"难卖"和消费者"难买"的现象时有发生，究其原因是和农产品产业链不完整、不健全有很大关系。通过电商相关产业集聚发展有利于延伸产业链、提升价值链、打造供应链。电商发展打破了时空限制，减少中间不必要的流通环节，尽可能实现产销无缝对接，使农产品、农产品生产者与消费者之间直接对接。通过电商平台模式、生产企业对接模式、加工企业对接模式、销售企业对接模式等，使农产品生产到销售过程中一体化服务，引导农村产业链向二、三产业链延伸。

（三）"生产—销售—服务"深度融合

在汉塘村，传统线下自产自销模式已经被改变，电商的介入使得种植业、

加工业、配套服务业很好融合在一起。经营苗木电商已成为汉塘村主要经济发展方式，村民经营苗木电商，消费者通过网络下单购买产品，从而实现"电商平台＋实体商贸＋物流配送"为一体的多功能综合性服务站。通过不断创新农产品网络化流通方式，建立大数据平台，进一步完善产品的生产、批发、零售、物流、仓储、服务等环节，使三产实现完美的结合。

（四）城乡市场融合

城乡关系是一个历史的产物，城与乡总有割舍不断的联系，是人类社会的基本关系。由此，我们可以知道乡村产业的发展离不开城市的发展。同样，城市的发展也需要乡村的产业作为支撑。在汉塘村，城镇市场为其苗木电商发展提供农资、技术、配套等，从而间接带动其经济发展。通过发展苗木电商，农民富裕后进城消费，如买房、买车等。正是基于苗木电商的发展，不仅村民致富，也间接带动了周边村庄及乡镇的发展，从而扩大了城乡融合市场。

第五节　市场拓展、政府干预与产业集聚

社会经济活动往往依靠两只手，即一只看不见的手——市场，和另一只看得见的手——政府。市场通常是组织经济活动、协调供求关系、影响产品价格的形成。在大多数情况下，市场优化资源配置，影响某些产品的市场拓展的广度与力度。在市场进行资源优化配置，特别是以电商等新销售模式出现的同时，往往并不一定是积极的，政府作为行政力量拥有一定的权力，这时就需要政府进行干预，促进电商市场和产品生产之间，买卖双方之间良性、循环发展。产业在市场经济体系集聚发展需要一定的空间，并要形成特定的产业生产与交易规则，这就需要政府力量及时进行干预和引导。

一、电商拓展市场的路径与机理

当前，网络化和全球化已成为不可阻挡的世界潮流，而电商作为一种新兴的交易平台，其拓展市场路径亦有迹可循。**一是守店期**。经营电商平台就像苗木生产一样需要精心培育和打理。进入电商平台后，就需要进行网店装修与打理，做好产品展示、前期推广、网店直播与互动等工作，吸引流量。**二是起步期**。主要目标是拓客，有一定交易量后，开始提供优惠促销聚集人气，加大投资成本深挖广告推广，增加成交量和提升网店综合排名。这一阶段多采取代理经营形式，请专业人士代运营，以提高网店关注度和吸引力。**三是特色期**。在面对同质化产品众多的情况下，重点挖掘产品特色，打造产品品牌，寻找差异化产品特点，增加产品附加值或特色。**四是稳定期**。网店客流量稳定后，专注特色产品营销，持续进行流量引导和产品销售，与平台互动频繁。**五是发展期**。当平台集聚一定客源后，开始专注"锁客"，从线上向线下发展稳定客源。

经营电商平台，需要持续投入一定的资本、时间和精力，否则难以获得成功。**一是持续投入**。这里的投入既包含资本，也包含时间和精力。首先，运营电商平台需要一定的资本投入，才能开店运营。其次，要投入足够的时间和精力，才有可能达到想要的效果。如果开通了电商平台，没有花时间去打理和运营，电商平台犹如死水一般，也就不会有收益。最后，必须保障持续的资本投入，以保持广告推广等，否则难以获得平台展现的机会。**二是与消费者互动**。在经营电商平台的过程中，少不了与消费者的互动。一般消费者在平台消费，或多或少都会与商铺店主互动，通过交流建立一种信任，然后才会下单。**三是搜寻客户**。经营电商平台目的就是寻找客户，引导客户消费，进而从中获利。一般都会通过平台优惠促销、节日活动和直播等方式寻找客户。**四是差异化经营**。在同质化的产品市场中，商铺店主为了应对激烈的竞争，就会对目标市场客户进行充分调查，然后根据消费者消费需求对产品、价格、分销和促销等方面制定相应的策略，通过差异化经营，以获取竞争优势。

二、市场拓展中的农户行为偏差与政府干预

正如布迪厄所说："那些在某个既定场域中占支配地位的人有能力让场域以一种对他们有利的方式运作，不过，他们必须始终不懈地应付被支配者的行为反抗、权利诉求和言语争辩。"[①] 虽然电商平台既定的规则并不能轻易改变只能遵守，但作为商铺店主总会利用各种方式通过平台谋取利益，正所谓"上有政策，下有对策"。正是基于这样，使得电商市场拓展中产生了不同的行为偏差。**一是低价冲量**。经营电商需要持续投入相应的资本，商铺店主后期由于运营资本严重不足，为了获取商品展现的机会，部分经营者会采取亏本营销、低价跑量、刷单作假等策略。**二是以次充好**。在电商运营过程中，有些商铺店主为了降低成本获取高额的利润，向消费者提供没有质量保证的产品，甚至假冒产品。**三是服务傲慢**。有些商铺店主服务意识不到位，在与客户交流时态度欠佳，很晚才回复信息或者甚至不回复。**四是虚假直播**。有些商铺店主为了展示自己店铺产品丰富多样，可供选择性强，就会进行虚假宣传或直播，售卖不是自己网店的产品。

针对上述行为，政府对市场会进行干预，这有利于规范市场行为，克服市场失灵，弥补市场机制的缺陷或不足，优化资源配置。政府干预一般主要有两种方式，一种方式是直接干预，另一种方式是间接干预。直接干预即政府相关部门需要规范电商平台运营推广的游戏规则，对违反规则的相关人员进行工商行政处罚，引导消协受理，使其充分发挥其职能与作用。此外，政府直接干预也可以表现为对农户进行电商技能培训，提高其学习掌握电商的能力。间接干预即政府通过间接的行动发挥相关社会和基层组织的作用，如组织协会干预、责成村委干预等，通过这样的方式有利于化解市场纠纷，与直接干预形成互补，共同促进市场正常运行。

---

① 皮埃尔·布迪厄、华康德：《实践与反思——反思社会学理论导引》，李猛、李康译，邓正来校，中央编译出版社，1998。

三、政府干预的动力与限度

乡村社会经济的发展离不开政府的支持与引导，政府既是参与者、管理者，也是监督者。政府通过相关政策文件，完善基础设施，招商引资、培养人才支持地方经济发展。通过制定相关法律法规，规范地方经营秩序，完善地方基层治理。汉塘村通过发展苗木电商成为名副其实的"电商村"，随着苗木电商的不断发展壮大，其在运营苗木电商过程中也会遇到一些问题。当村民不能正常解决问题时，就需要相关政府部门的介入。在互联网时代，信息传递十分迅速，传播范围广泛，因此，对于发展苗木电商的村庄，规范电商经营行为至关重要，这关乎村庄集体经济产业的发展。

在市场经济发展过程中，政府干预也是有限度的，不能直接介入市场，不能微观地去干预，只能作为第三方开展工作。在武利镇，政府处理消费者投诉问题一般采取不告不理方式。笔者在与武利镇相关干部访谈时得知，目前处理消费者投诉数量较少，如果面对消费者投诉，由于政府机构工作人员有限，处置时间较为滞后。另一方面，在间接干预下，相关主体缺乏有效约束力，如在面对消费者投诉时，一般的做法都会先处理被投诉者，而对消费者就缺乏一定的约束力。由于缺乏对两者之间真实情况的了解，就不能真正做到客观公平的解决问题，但可以促使双方找到协调点，促使达成和解。

四、"有限政府"与产业规范发展

汉塘村产业发展以本地资本为主，受宗族力量约束，较少失范行为。汉塘村有浓厚的宗族观念，重视宗族之间的互助。此外，各宗族有宗亲会，族长约束力较强，强调大户道义责任。例如电商大户 HZW，在经营苗木电商成功后，并没有选择一个人独自发展，而是帮助其两个弟弟发展苗木电商，也间接带动村民发展苗木电商，促使村庄产业转型升级。

小户发展规模相对有限，无法脱离村落进行生产，宗族能够对其形成有效约束。大户相对小户来讲，发展相对较好，有一定的资本、技术和经验，但其产业规模是相对有限的：一是汉塘村人多地少，每家每户分到的土地有限，再平均到个人，就会相对更少；二是到村外发展，苗木生产基地需要得到相关政府部门的同意，基地建设、租金和管理成本等会相对较高。即使有些大户到村外发展，在面对大批量订单或欠缺相关产品品种时，也会向村里调货。从某种意义上讲，其无法脱离村落进行独立生产，始终离不开村庄"捆绑式"的发展。

产业与村民生计紧密结合，个别大户失范行为容易引起宗族乃至全村共同谴责，无法在村内雇佣劳动力，难以维系生产。汉塘村主要以种植业为主，通过发展苗木电商，实现了传统产业转型升级。苗木电商产业的发展已经与村民生计紧密结合在一起，苗木电商已成为村庄群体抱团发展的推动力。在传统村落社会中，总会有一种"道德力量"约束着个体行为，类似于"习惯法"，人们总会约定成俗的共同遵守。这就会促使个体在发展过程中规范个人及产业发展，一旦失范容易引起宗族乃至全村共同谴责，在村庄也难以有立足之地。

同时，乡村产业的发展离不开乡镇政府的支持与引导。乡镇政府主要是推进道路交通、电路、网络等基础设施建设，保护基本农田，帮助大户进行基地规划和提供优惠贷款扶持，规范农户登记和经营行为等，以促进村庄经济规范化，持续健康发展。

第四章

"线上劳动"、网店分化与农村电商新规则生成

互联网电商产业的发展构建出新的劳动场域，当"线上劳动"规则向下延伸时，经营方式的差异逐渐形成网店分化。消费者通过电商渠道购物时无法接触商品本身，网店设计与商品界面表意是决定商品转化率的关键环节，农民网商能否掌握网络空间表意能力关系着农村电商的转型升级。[①] 由此，网店的逐步分化也让电商产业的新规则逐渐形成。

第一节 "线上劳动"与农村电商场域

农户"线上劳动"构成了一个特定的农村电商场域，这个场域按照平台基本规则运行，但由于电商之间所产生的竞争与合作，也形成了村内线上与线下相结合的苗木交易合作规则。

一、从"线下劳动"到"线上劳动"

数字媒介的不断更新发展构建出新的虚拟劳动空间，进而催生新的劳动方

---

① 邵占鹏：《农民网商网络空间表意能力的局限与反思》，《西北农林科技大学学报》2019 年第 3 期。

式。在互联网时代，线上购买业已成为满足人们购物需求的最主要、最优先途径。截至 2021 年 6 月，我国网民总体规模超过 10 亿。庞大的网民规模为推动我国经济高质量发展提供强大内生动力，其中半数以上网民曾有过线上购物的经历，与电商购物联系密切。对于劳动者而言，其劳动方式与劳动场域也经历着从线下至线上变化的阶段。因此，可以说媒介技术的发展使得劳动的内容和形式发生了变化，劳动方式的变化与科技的变迁是互为因果的。[1] 与传统的线下劳动不同，基于互联网特性的"线上劳动"具有匿名化、未知化与流动性三个特点，这也是农民在"线上劳动"过程中所要克服与适应之处。

对于劳动和交易而言，线上空间代表着销售终端，它打破了时间与空间的限制，通过数字技术实现商品销售范围的量级扩展。对于农户而言，这张变化意味着收入的叠增。农户在进行线上销售的过程中，需要对消费群体、销售渠道进行搜寻与比对，借由此寻找出最合适的销路。因此，在信息搜索上，农户需要付出比线下劳动更多的时间与精力。在虚拟空间交易中，真实性无疑是横跨在交易面前的一道鸿沟，对于真实性的质疑是双向的，不单是消费者对于农户，同样也存在于农户与买家之间。由于"线上劳动"具有匿名化与未知化的特点，农户在交易的时候难以确定买家身份的真实性。同时，鉴于农户对于互联网操作技术的掌握情况限制，也会面临着较高的交易风险。

汉塘村的苗木销售正经历从线下销售向线上销售转型的阶段。过去，农户主要通过摩托车将苗木运到市场进行线下销售，偶尔会有商人直接到村里收购农户的苗木。互联网技术的介入使得传统线下销售转变成通过互联网信息平台的线上销售，农户通过"网店""微商"的方式销售苗木，这是汉塘村初始的电商销售模式，其拓宽了销售范围，但仍未突破自产自销模式。随着经验的积累，"线上劳动"类型开始分化，越来越多的年轻人开始脱离种植苗木这一流程，全身心投入网店经营与直播销售行列。根据调研发现，无论是初始的电商销售模式还是现

---

[1] 莫伊舍·普殊同：《时间、劳动与社会统治：马克思的批判理论再阐释》，康凌译，北京大学出版社，2019。

在的电商主播模式，主要群体大多为 20 ~ 40 岁的青年人，而当地的老年人基于风险考虑则更多保持着传统的自产自销或是自产他销模式。

二、"线上劳动"的空间场域

"线上劳动"的空间场域由平台提供，平台制定基本规则。农户在线上进行产品销售过程中，从网上营销、订单支付再到物流配送都需要遵守平台方所制定的相关规则，但在实际运行过程中会形成新的交往规则。线上空间是虚拟空间，是一种信息存储、流通的空间，其交往特点主要在于个体自主搜寻、文字图像识别、文字语音验证等，这种交往突破地域限制，但也带来新的劳动形式和劳动量。在销售上，农户需要自己搜索相关信息，掌握市场上农产品的供需与产销情况。此外，商品的图片拍摄、文案宣传以及售后服务等内容，都需要农户花费一定的时间与精力去学习掌握。线上平台所制定的大部分规则都是以消费者群体为依据，如七天无理由退货、消费者评价机制等，这些规则很大程度影响了农户"线上劳动"的形式与劳动量。为了获得顾客的好评提高网店的等级、提高消费者的售后体验，农户不仅在客服上花费较多精力，同时也承担了不少由退换货导致的经济损失。

目前，汉塘村的线上销售平台，根据资金投放量的不同可分为两大类：一类是需要投放资金较多的大型电商平台，如"京东""淘宝"与"拼多多"；一类是投放资金量较少的惠农平台，如"一亩田""惠农网"。汉塘村结合线上平台的特点与优势，对农产品销售进行线上与线下交互营销。农户首先要对产业园和种植基地的产品进行质量检测，在符合质量要求后便可以签订销售合同，对苗木进行批量打包、统一包装与集中运输。在完成前期工作后，农户通过网店与直播的方式进行售卖，用户下单付款成功后，便通过快递物流的形式将商品运输到卖家手中。物流的运输也有一定的规则，按订单体量大小分为快递物流公司发货与定制车辆发货。其中，定制车辆发货，涉及平台进行预定运输车辆和寻找私营运输车两种，双方会在发货前进行协商约定。

三、线上规则的线下延伸

苗木电商产业的出现弥补了以往传统苗木产业的不足，为苗木产业的发展提供了新的劳动场域。农民生计模式逐步转型，推动苗木电商平台持续向下延伸，逐渐形成了线上与线下规则协同的新发展模式。从规则角度来说，电商平台生成的与农户相关的线上规则主要包括两部分：一是利益格局，即大户与小户的经营范围分化，主要由资本和流量决定；二是交往规则，即大户与小户之间的交往合作，主要是大户带小户。

苗木电商产业的线上发展规则，在汉塘村转变为线上与线下互动。早期的苗木电商从业者，在前期的发展过程中已经拥有较为完善的基础，不仅积累了较多的客源，有着丰富的苗木销售经验，其经营的网络店铺经过长时间的维护与经营也形成了一定的规模，掌握更多的平台流量。在长期的经营管理中，一些早期的电商从业者逐渐掌握电商的运营管理方式，并不断探索电商苗木产业新思路。

案例 4-1

HZH 是汉塘村早期开始从事苗木电商产业的人员之一，最开始从事苗木电商生意时，他一边培育苗木，一边做店铺的运营管理。经过几年的摸索，HZH 选择只从事苗木电商店铺的经营，不再亲自从事苗木的培育和种植。在日常的工作中，他主要做线上的维护工作，通过增加店铺流量、发放苗木销售广告等方式来统筹苗木的线上销售。对于线下的苗木生产，HZH 与种植苗木的农户达成合作，需要苗木产品就向种植苗木的农户进货。

在汉塘村，与 HZH 选择同样经营模式的还有很多人，许多电商大户通过各种手段提升网店流量，做大单批发，小户则集中于零售和为大户提供苗木。

第二节 "触网"经历、能力差异与网店分化

一般而言，淘宝村中开网店的农民包含三类，即"早期从事电商的农民"（时机好但资本寡）、"后期跟风进入的农民"（时机差且资本寡）、"有前期产业基础的农民企业家进军电商"（时机差但资本多）。在这三类从事电商产业发展的农民中，基础条件和入驻时间的不同逐渐让汉塘村电商的发展产生分化与差异。

一、"线上劳动"能力：农村电商分化的基础

"线上劳动"能力包括三个维度：选择能力，即能否准确判断发展机遇，能否确认自身经营定位与模式，能否选择合理平台，能否抓住商机；适应能力，即能否适应线上网店经营规则，能否打造自身特色；整合能力，即能否整合相关资本、人力、物力和信息资源，发展自身网店。

汉塘村电商产业主要的从业者包括老年、中年、青年三类群体，根据不同群体线上劳动能力的差异，汉塘村电商群体逐渐开始产生分化。青年群体受教育程度相对其他群体较高，相对中老年群体来说接受新事物的能力更强，能快速接受电商知识和掌握网店的运营和维护，在苗木电商的发展中主要从事线上运营和物流发货工作；中年群体内部之间的分化差异较大，有经济资本的中年群体开始注册公司，成立苗木电商团队，打造属于自己的苗木电商品牌。某些掌握苗木培育经验的中年群体开始专门从事苗木培育，除了在自家的土地上种植培育苗木，还通过土地承包的方式在其他地方从事苗木培育；老年群体的年龄较大，身体素质较差，劳动力较差，观念保守，自主学习能力较差，很难掌握电脑操作，在电商产业的从业过程中，老年人主要辅助中年人从事苗木培育，协助青年群体进行打包发货。

群体之间具有的特征差别，导致汉塘村苗木产业的"线上劳动"能力存在着较大的差异，不同群体对电商产业的发展持有不同的观点。例如在运营的过程

中,青年群体对网店运营的经验更多,选择对网店投入更多资金进行网店维护;中年群体具有丰富的市场经验,通过培育新品,打造团队等方式形成自身优势。因群体之间劳动能力的差异性逐渐凸显,农村电商群体的分化也愈加严重。

二、"线上劳动"能力与农户经营方式选择

中国农村电商在 2005—2011 年的六年时间中呈集群式增长,其中 2004—2009 年是农村电商出现的萌芽期,农业部在 2004 年宣布实施"第一批电子信息进农村工程",从此家家户户过上了有网络的生活。[①] 政府对于农村电商的扶持力度逐年加大。政府层面,国务院相继出台《关于大力发展电子商务加快培育经济新动力的意见》《关于维护互联网安全的决定》等文件;社会层面,众多高等院校开设电子商务、市场营销专业,为农村电商事业输送大量人才,给未来农村电商的蓬勃发展创造有利环境。[②]

按照从事农村电商时间的先后,可以将村民分为先行者和跟从者两大基本群体。先行者选择能力较强,且适应能力较强。对于这部分人来说,多为返乡大学生或是在外务工返乡人群,他们在村落之外的先进城市掌握较为先进的知识技能,视野得到开拓,并渴望通过所学所见开创出新的一番事业。信息不对称理论指出,在市场交易背景下对于信息的搜寻与了解存在较大差异,掌握信息较充分的人往往处于一个较为有利的主动地位,而掌握信息相对不充分的人群则处于弱势的被动地位。[③] 对于先行者来说,他们比跟从者拥有更强的整合能力,特别是在资本信息与信息资源的整合上,掌握程度更为熟练。先行者在搜索及其比对相关信息后,判断自身优势与市场未来走向,通过预判及对市场的远见选择批发或是零售的经营方式。与先行者相比,跟从者通常错过了早期从事农村电商的好时

---

① 武韶瑜、高姣、张珍:《浅析我国农村电商发展历程及其对农村经济的带动作用》,《山西农经》2019 年第 13 期。

② 李华龙:《我国农村电子商务发展文献综述》,《电子商务》2017 年第 16 期。

③ 蔡道成:《基于物联网的农村电子商务产业链重塑问题探讨》,《商业经济研究》2017 年第 9 期。

机，但适应能力和整合能力的差异对其经营方式起到关键性作用。

案例 4-2

QXF，男，灵山县武利镇万锋果苗种植场创始人

我做电商比较早，见证了汉塘村电商从无到有、从小到大的发展历程。1981 年，我在灵山县武利镇成立了万峰果苗种植场，现在共有 100 亩，主要是经营芒果苗、荔枝苗、龙眼苗和番石榴苗。最开始创业的时候，我没想到做电商，就只是想着盘个场地做大规模的苗木销售。到后面电商发展起来后，镇里面出台了许多补贴和鼓励措施，当时村子里面还没有人想到把苗木放到网上去买，我回去和家里人商量后就决定去镇里面申请相关的补贴以及贷款，再加上种植场的一些收益，拿着十来万元钱开始了我的电商创业之路。对于电商来说，我觉得主要是抓大放小，我很少经手苗木的栽培还有移植，都是交给工人去打理，我自己去参观学习其他做得好的电商，也花了不少的钱在平台申请入驻以及网店装修与宣传上。慢慢地店铺做起来了，我就开始大批量地收购村里面的苗木，保证店铺的供货量与规模量。

QXF 作为汉塘村电商产业的先行者，曾经长年在外奔波的经历使其拥有较强的信息整合能力，对于电商市场有较为清晰地洞察，愿意携带大量资本入场。通过选择高端优质的网络平台、雇人打理网店、线下苗木资源与客商资源整合等方式，将苗木电商事业做强做大，成为当地重要的批发商。对于农户而言，掌握不同的线上能力影响着网店的经营方式与产业规模。

三、农村电商演进与农户群体分化

随着农村电商的发展，汉塘村村民逐渐加入到苗木电商的行业中，不同阶段加入的农村电商因适应能力与整合能力差异逐渐形成了农户群体的分化。

2008—2011 年，苗木电商产业在汉塘村兴起，早期的苗木电商产业从业者主要在"淘宝""阿里巴巴"等平台开展苗木销售。这一时期的外界苗木市场处于开发阶段，产品需求量大，且通过网络来销售苗木的从业者较少，在市场中的竞争较小，苗木电商产业的从业者通过网络销售获利后开始建立公司、打造自营苗木农场、与固定农户达成苗木供货协议。苗木电商销售经验和物质资本的累积，让早期从事苗木电商产业的群体获得了更多的产业发展红利，如今我们称之为"汉塘村电商大户"。

2012—2016 年，汉塘村苗木电商产业的跟从者不断增加，村里从事苗木电商的淘宝店铺达 200 余家，竞争不断增加。在"淘宝"平台竞争加剧的情况下，一些从事苗木电商的从业者开始转战"京东""惠农网""一亩田""拼多多"等网络平台进行销售。因经营能力存在差异，不同的个体开始在从业中逐渐摸索出适合自己的电商平台。还有部分经营能力不善的从业者退出农村电商的经营模式，转而从事其他行业或专门培育苗木，电商使用平台的群体分化逐渐形成。

2016—2020 年，苗木电商产业迎来了爆发期。受精准扶贫政策的刺激，云南、贵州、四川、广西、广东、海南等地因当地经济发展需要大量苗木。苗木电商产业的大户掌握前沿的市场信息，抓住时机让自营苗木农场和合作农户大量培育能快速产生经济效益的苗木，有效地带动了汉塘村苗木的销售。一些从事小型苗木产业的从业者因市场行情了解较少，资金较少，培育的苗木种类少、数量少，不仅在市场上难以找到买方商家，还无法承接大型的苗木订单，大户和小户的差距进一步拉大。

2021 年至今，政策刺激下的大规模苗木需求减弱，汉塘村苗木销售受到了一定的影响。大户拥有更多的资本，以"京东""淘宝"为主的平台进行销售，还在日常的维护中通过投入资金、平台流量推广等方式对平台中的商铺进行管理。小户资金链薄弱，主要以"拼多多"为主进行销售。与此同时，随着直播销售的火爆，汉塘村苗木产业也开始兴起直播带货和视频带货的新方式，大户请专门的运营团队开始尝试通过直播带货、视频带货的方式，来宣传、销售自家苗木，部分小户作为个体开始尝试使用抖音、快手等短视频来宣传和销售苗木。

在不同阶段，不同农户的适应能力与整合能力都存在差异，在外部市场环境的影响下，村内电商群体的分化也逐渐明显。

第三节　网店经营："线上劳动"的空间呈现与价值诉求

网络空间的"线上劳动"，主要集中在风格、氛围、服务和数据四个方面，以下将通过梳理网店的商品展示空间、活动运营、售后服务、信誉维护等几个角度来展示网店的正常运营与维护，体现"线上劳动"的空间呈现与价值诉求。

一、网店装修——商品展示空间营造

网店装修是指通过使用平面设计软件实现网店美工的各个方面，包括但不限于店铺商标设计、店铺首页、商品图与商品详情介绍等，借助网店装修使之呈现独特风格，满足商品展示与顾客引流的功能。别具特色的网店可以给顾客留下深刻印象，形成独有的品牌印记，为网店销售增加竞争优势。因此，基础性装修与日常上新活动实现了网店形象营造，提高成交转化率。

在网店基础性装修方面，需要从广阔的市场偏好中选择风格模式，即明确自身定位。基础性装修主要包括四个要点，一是清晰明了的布局，二是恰如其分的配色方案，三是赏心悦目的商品图，四是引人注目的文字介绍。这几点互相搭配，相得益彰，对提高网店吸引力与顾客忠诚度发挥着重要作用。[1]对农户来说，网店的基础性装修并不是其擅长内容，因而装修技术与时间成本投入的不同将产生图文展示水平的差异。

网店装修的另一内容是店铺的日常上新活动。店铺的装修及其风格若是一成不变，不仅会影响店铺的活力，同时也会使消费者产生一定的审美疲劳。为此，

---

① 陈则芝、章炳林：《淘宝店铺装修方法与技巧》，《电子商务》2018 年第 3 期。

店铺需要根据季节的变化与重大时令节日进行装修风格的调整，如在新年的时候烘托温暖的感觉，在"情人节"的时候营造浪漫的气氛等。商品的陈列也需要及时上新，给人新鲜感。店铺日常上线的主要价值诉求是为了给人以视觉冲击并留下深刻印象，从而增强购买力。

二、人气引流——促销活动与网购氛围营造

网店作为线上零售载体，突破传统线下实体门店的营销模式流量，即一天之内店铺产生的顾客点击量与浏览量。首先，流量的获取影响着网购氛围营造，在系统默认算法中，流量高低与店铺好坏存在关联。换言之，若店铺能够获得较高流量，便能在系统推荐榜单中的排名靠前。其次，当商铺的单品流量高时会优化购物搜索关键词，即当某一单品有高流量时，系统会将此商品设置为搜索热门关键词，顾客通过点击关键词查看商品，从而带动网店整体的购物氛围。网店的成交量与流量成正比关系，流量的吸引能力越强，交易额增长速度越强。反之，即使商品质量与服务质量都不错，但缺少流量的引入，产品便难以进入顾客视野。因此，人气引流是网店经营的重要内容。

人气引流方法之一是促销，通过低价销售的模式获取流量。创立网店伊始，尚未拥有销量的优势，商品评价量尚未得到积累，无法为消费者提供衡量标准。因此，通过促销的形式抢占价格优势，以低廉的价格抢占市场，以此吸引顾客并获得流量。

人气引流方法之二是通过向平台方购买流量，获得平台的推介机会。借助算法的力量使网店出现在平台方首页、搜索框等位置，增加获取点击量的机会。不过对于新店铺而言，不同的平台会给予不同程度的流量支持，卖家需要在这一黄金时段完成好图片上传、产品定价和人群定位的基本工作。现在主流平台的流量购买方式主要有三种：一是CPM（Cost Per Mille）模式，主要内容是将店铺放置在平台首页增加曝光度，收费模式按照浏览量的多少进行收费；二是CPC（Cost Per Click）模式，将店铺设置成为搜索关键词，用户在平台浏览时，平台以广告

形式向用户推送，其收费为点击量收费，按照若干元 / 次进行收费；三是 CPS（Cost Per Sale）模式，通过订单推广者进行消费，增加好评率与销量，也就是常说的"刷单"，这类的收费需要根据商品推广难度与成交量进行计算。无论是促销抑或是购买流量，其本质诉求都是为了提升网店知名度，促进销售。

三、互动服务——话语营销与情感沟通

菲利普·科特勒（Philip Kotler）给出了顾客满意度的定义：一个人通过对一个产品（或服务）的可感知效果与其期望值进行比较后，所形成的愉悦或失望的感觉状态。[①]顾客满意度是衡量网店经营程度的重要指标，在一定程度上反映出网店在售前沟通到售后服务过程所展现出的服务质量。基于此，顾客的满意度可以分为价格满意、表象满意、交流满意、服务满意、交易满意与诚信满意等六个部分，围绕这六个指标构成网店的话语营销与情感沟通机制。目前，视频播放、机器人问答、在线问答与直播互动等，成为网店提高服务质量与增加好评率的主要途径。

（一）视频播放

通过视频播放形式能够立体地展示商品的外观与功效，声影技术将平面化的产品生动形象地展现出来，给顾客以直观感受。这一形式在一定程度上能够避免文字介绍对于顾客的干扰，避免理解差异的出现。

（二）机器人问答

这一途径主要应用于顾客咨询环节。网上购物突破时间与地域的限制，无论何时何地都能轻松实现线上购物。为了满足顾客的咨询需求，卖家设置常见的基本问题与回答，诸如产品应用场景和使用注意事项等方面，一来减轻人工客服的

---

① 菲利普·科特勒：《市场营销：分析、计划和控制》，梅汝和等译校，上海人民出版社，1996。

压力，能够做到即时沟通；二来能够满足基本的咨询，提高工作效率。

（三）在线问答

依靠人工客服实现的在线问答，相对于机器人问答而言，个性化与针对性较强，也是与顾客建立忠诚关系的重要手段。借助人工客服真诚沟通，实现情感关怀以赢得顾客信任。

（四）直播互动

作为时下最流行的卖货方式，直播互动大大减少信息沟通流程，有效及时完成信息传递。通过直播互动形式建立起持久的沟通交流，主播能够第一时间根据顾客提出的问题或针对顾客的不同需求快速作出调整。这一举动拉近了顾客与卖家的距离，使用户体验感得到提高。

上述四种方式各有优劣，但其核心无外乎是促进销售、获得好评反馈、吸引回头客、发展线下回头客。

四、数据维护——店铺得分与商家信誉打造

数据成为网店与顾客维持关系的一大媒介，顾客通过数据完成对店铺的评价，找到自己心仪的产品，网店借助数据提高店铺星级，塑造良好信誉的形象，从而稳定老顾客，吸引新顾客。

（一）客户维护

顾客是网店经营的主要对象，通过对老客户的维护与新客户的吸收，使店铺的得分不断累积。网店的信誉评价标准中，对于重复购买与持续浏览有一定要求，商家通常会借助不同手段让老顾客获得被重视的感觉，以此形成的回头率越高，得到反馈就越多的良性循环机制。在客户维护中常用的办法有积分、签到、生日福利、老顾客专享价、会员待遇、短信邮件提醒、推广展现等。

（二）好评维护

良好的售后服务永远是留住顾客的最好办法。[①] 售后工作是网店服务中的最后一环，也是影响店铺得分的关键环节。为了得到用户好评，商家们使出浑身解数，如通过赠送礼品、复购优惠等形式鼓励用户给予好评。好评能够提高店铺等级，而差评则会让店铺分数大打折扣，为了减少差评的出现，商家需要及时完成纠纷的处理，缩短解决投诉耗费时间，主动回应和做出处理。

（三）量单激励

"数据为王"是电商平台的重要运营导向，数据以其直观公平的特性被广泛应用于店铺评价机制中。量单激励主要是为了引导客户更多地下单，提高店铺成交量、好评率、评价量等。为了提高成交量和各项好评数据，不少商家都会在平台规则许可的前提下进行量单激励，主要是发动亲朋好友等人际圈子下单、以折扣优惠形式鼓励客户多单分拆下单、村内或店铺间通过线上下单调货。借助数据维护，提高基础权重，维护网店形象，为流量向购买率转化奠定基础。

第四节　差异呈现：大户和小户经营策略与能力的分化

大户和小户在店铺经营上存在着许多差异，不同的网店装修、人气引流、互动服务与数据维护都体现出大户与小户在能力上的分化，以下将从上述四个方面对大户和小户经营策略与能力的分化进行叙述。

一、独特风格与千篇一律

不同个体从事的苗木网店具有不同的风格，其具体主要体现在展示框架、图文呈现和日常更新等方面。

---

① 符静波：《个人网店客户关系管理探讨》，《商业文化（下半月）》2010 年第 7 期。

（一）展示框架

网店首页的展示框架是整个店铺的脸面，直接影响到店铺的品牌宣传与顾客的购物体验，进而影响到店铺转换率。在设计店铺展示框架上，大户主要做法是力求特色化，在设计上有着完备的精细化方案。而小户由于缺乏足够经验与资金，在设计展示框架时更多是套用网上的模板，无法体现自家店铺的特色，同质化情况较为严重。

（二）图文呈现

图文展示主要应用在海报与商品介绍上。以海报设置为例，大户在设计海报的时候能够很好展示出店铺重点，并且很重视细节修饰与完善；反观小户的海报，经常出现的情况是复制网上相关的图片，导致宣传重点不突出，还存在一定的图文不符的问题，从而给消费者造成错误导向。此外，通过调研发现，小户在进行图文展示的时候存在着盲目跟风的现象，例如他们会去观察同类店铺中排名靠前的几家，将其亮点元素复制拼接到自家店铺上，从而在视觉上造成混淆。

（三）日常更新

网店经营要做到日常更新，一般来说可以通过增加商品种类来完成。但对于种类比较固定的店铺来说，可以通过改变商品的展示方式、销售方式实现更新，保证一定频率的更新速度能够保持消费者的购物兴趣，增加客户黏性。目前，大户与小户的差别主要是大户的店铺有专人进行管理，定期更新商品种类，同时会根据时令节日更改不同的消费策略，例如搭配销售、购物有礼等策略，而小户的店铺则长期处于冷落状态，缺乏专业管理，店铺活力不足。

二、物有所值与超低价格

在汉塘村的电商实践中，人气引流是其中必不可少的环节。在进行人气引流时，电商大户与小户产生行为分歧，大户侧重于物超所值，无论是做促销抑或是买流量都希望能够达到预计目标，而小户则更加注重价格，在促销力度与流量购买上都更为谨慎。

（一）促销活动

进行促销之目的在于以低廉的价格换取店铺转换率。电商大户制订促销策略着重强调性价比，希望通过部分商品的促销活动带动整体店铺曝光度。常见的方法有全场包邮、发放折价券、限时打折和收藏有礼等。大户借助促销活动让客户更好地了解店铺的营销模式与主推方向，从长远来看有利于店铺的良性发展。而小户的促销目的在于低价走量，即以低廉的价格换取商品成交量。低价走量特点在于商户能够在短时间内获得大批量的成交数，以此提高店铺其他的交易量，代价是商家只能获取微小的利润，甚至出现负利润的情况。

（二）提高流量

流量是店铺提高转化率的保证，拥有流量意味着店铺有更多机会能够在数量庞大的电商平台中脱颖而出，进入消费者视野。为了保证充足流量，不少商家都会向平台方购买数额不等的流量支持。汉塘村的电商大户与小户在购买流量这一行为上也存在差异，对于大户来说会侧重根据销量的需求进行理性投入，除却销售旺季，大户平日大抵会花费几百元进行流量的购买。而电商小户一般较少参与流量购买这一行为。但在电商旺季，诸如"双十一""年货节"等购物旺季，无论是电商大户或是电商小户，一天都会花费几千元来寻求流量支持。

三、情感营销和单纯卖货

互动服务已嵌入网店营销的过程中，在进行沟通交流时应该做到及时回应、态度良好、诚信坦诚与密切接触等基本原则。[1] 简而言之，就是通过互动给予顾客以关怀，在顾客消费行为中，也包括情感溢价因素。商家通过良好的互动服务

---

[1] 鲁瑛：《淘宝网 C2C 交易市场的运营措施分析》，《北京财贸职业学院学报》2009 年第 25 期。

与顾客建立信任关系，有效提高顾客留存率，从而保证店铺客群稳定性。在这一层面上电商大户比电商小户更能知悉其中的重要性，因此大户愿意花费时间与精力维护顾客关系，形成情感营销。

（一）售前沟通

对于消费者来说，网络购物相较于线下购物缺乏真切的感受，所以在选择过程中出现对于产品相关参数不了解的情况。针对这一问题，大户采取"视频＋客服＋直播"的方式，以视频播放为基础，专人在线问答为主，机器人问答为辅，有针对性提供直播互动，最大程度满足了顾客的探询心理。反之，小户更多是以视频介绍为主，在线问答为辅，由于缺乏资金与人才，所以小户很少采用人工客服与直播讲解的方式，因而常常出现回复不及时的现象。

（二）售后服务

在售后服务上，大户会对容易出现的问题做好计划，对反馈问题第一时间解决，积极寻求好评，认真执行"七天无理由退货""正品保障""假一赔三"等售后条款，为顾客提供良好的购物体验。小户由于线上成交体量相对少，退货、补货等售后问题也相对较少，售后处理相对滞后，处理意愿普遍不高。但当客户明确表达不满时，多能通过补货或退款方式解决。也有部分以店铺信誉为先的小户，需要回头客营造口碑，则会优先处理客户反馈，多采取退款不退货、补发苗木、提供技术指导等方式解决客户问题。

四、心动手勤与心动手懒

网店的出现给商家和顾客的关系带来新机遇，也让顾客关系的维护面临着新挑战。顾客与商家关系的好坏通过数据一目了然，好评率、差评率、投诉率将客户关系维护框架以标准化的形式确立下来。维护顾客需要耗费一定程度的心力，相对于小户而言，大户比较重视数据维护工作。

（一）客户推广

大户通过各种方式，高度重视老顾客维护与新顾客推广，采取差异化运营。对新顾客，主要是通过网店首页设置的苗木图片，靠数量、价格及店铺好评来吸引；对老顾客，则通过设置签到积分、回头客专享价、会员优惠价、推荐新顾客奖励、新品种定期提醒等方式增强用户黏性。小户最常见的是针对已购客户，借助发消息和打电话的方式询问复购意愿，请求介绍客源，或是不做任何举动，随缘对待。有些小户会利用亲友关系，要求大户转介客源。

（二）信誉维护

在信誉维护方面，大户高度重视售后评论、买家秀、纠纷处理等，主动与买家沟通设置好评优惠活动。为了激励顾客进行购物后的好评，大户一般会借助优惠性策略对客户进行引导，对小单和大单采取不同优惠模式。对于 100 棵或 500 元以下的订单，较为常见的是通过好评行为实现，消费者在收到苗木并栽种一周成活后，若上传实物图并客观评论，便可收获大约 2 ~ 20 元左右的复购优惠奖励；对于 100 棵或 500 元以上的订单，通常采取以购买体量为单位进行优惠，如 100 棵以上每棵优惠一定金额，购买量越多则优惠幅度越大。同时，售后种植指导以确保成果率，规定时间内补发货物等，也是大户维护信誉的重要方式。小户因为订购量小，更多关注网店评价情况，因为只要有差评便可能让经营许久的网店产生信誉危机。当出现差评时，小户会主动联系客户，争取客户谅解。同时，部分信誉危机也来自客户信息回应不及时，收到客户留言或投诉后，店家会通过补苗、退款不退货等方式，求得客户谅解。

第五节　市场饱和、网店竞争与电商场域规则的生成

场域的规则是随着主体需求与互动情况而变动的。在每一具体的场域游戏中，游戏者可以通过参与游戏来增加或维持他们的资本，也可以部分或彻底地改

变游戏的固有规则。[①] "淘宝村"中农民网店店主的分化不是静态的，随着参与者之间竞争的加剧，这个场域的规则也在逐渐发生着改变。

一、市场饱和：苗木成交量开始下降

苗木电商产业自发展以来，一直有着不错的销售业绩，不仅打破了原有的传统销售渠道，还为苗木的销售寻找到了更多的新市场。但多年来苗木产业的发展已经让苗木市场逐渐趋向于饱和，苗木成交量开始下降。

对比苗木销售的旺年，汉塘村村民对 2021 年汉塘村苗木的销售量并不满意。在笔者调研的过程中，不少苗木电商的从业者都提到，即使每天村里都有两辆快递车来装快递，但苗木的销售数量已经大不如前。据这些电商从业者说，今年网店的销售量较低，即使在苗木销售的旺季，苗木的销售量也不再如往年旺季一样高，总体呈现出持续走低的态势。这些情况的出现不仅与苗木市场的饱和有关，也与政府的相关政策存在很大的关系。2014 年以来苗木市场饱和趋势已经很明显，先是本地苗木市场由于附近伯劳镇苗木产业的兴起而饱和，进而汉塘村苗木销售开始进一步拓展外地市场，寻找苗木的新销售渠道；2020 年精准扶贫政策结束后，云南、贵州、四川、重庆等省市的苗木市场也趋于饱和，苗木的销售量开始逐渐下降。

汉塘村苗木电商产业的发展加速了整个苗木市场的发展，市场对苗木的要求抱有更高的期待。传统型苗木在苗木市场已经属于老款商品，逐渐失去市场的青睐，不少传统的苗木处于滞销状态，难以找到销售市场。为迎合苗木市场的需求，找到苗木的新销路，苗木从业者开始寻求新的苗木品种进行培育，不仅在传统荔枝、龙眼、木瓜、香蕉的品种之上开拓了更受市场欢迎的新系列，还从外引进了菠萝蜜、黑黄皮、香水柠檬等新品种。除此之外，当地市场和外省苗木市场的发展也刺激了商家积极寻找国外的销售市场。现今，汉塘村苗木的销售区域越

---

① 皮埃尔·布迪厄、华康德：《实践与反思——反思社会学理论导引》，李猛、李康译，邓正来校，中央编译出版社，1998，第 137 页。

来越广，电商大户已经将果苗卖向国外市场。

二、竞争加剧：农村电商越来越难做

虽然农村电商目前尚且处于起步迈入高速发展的时期，但对于农村市场，不少资本早已觊觎多时，"淘宝村""京东县级服务中心"等模式无一不在昭示着市场下沉导致农村电商生态逐渐发生改变，农村电商之间的竞争不断加剧。

电商的低价竞争不利于汉塘村苗木品牌成长。价格优势是争夺用户关注最有效的方法。新兴电商平台崛起冲击着传统老牌电商平台，各大电商平台纷纷借助各类优惠政策吸引顾客。当地一位苗木电商经营者说："现在的电商生意越来越不好做了，在淘宝上开店，需要符合淘宝制定的各种优惠措施，比如说跨店满减、新用户立减和无门槛红包等活动，算下来，我们连成本都收不回来，做的都是亏本买卖。"随着电商之间低价竞争趋势逐渐形成，为满足平台要求，当地不少农户压缩成本，成本锐减后苗木的质量就得不到保障，当质量存在缺陷的苗木流入市场后，对汉塘村的苗木品牌造成较大冲击。对于农户而言，低价竞争导致获得毛利润越来越低，不少农户开始放弃传统电商平台，转而选择"拼多多"等网络团购平台勉强维持。此外，低价竞争还会导致同行恶性竞争加剧，当地曾经成立"汉塘水果苗木电商协会"试图对市场进行管理，但由于没有完善的措施与行之有效的手段，使得协会缺乏有效约束力，并未达到预期效果。

在低价竞争趋势下，部分企业家跳出"追求优惠"的怪圈，开始思考产品的可持续发展，并逐步推出精品路线和品牌打造计划，将自家的苗木定位为高端产品，通过不断赋能使其与低廉的苗木品种形成区隔。

案例 4-3

HWQ，男，苗木电商大户

2008 年我外出打工，得知外面已经开始借助电商销售农产品，我便回到家乡开始"电商创业之路"。随后的两年，我的果苗销售得确实不错，也获得了一系列荣誉，可是到了2017年，村子里出现了近200多家淘宝店，从事电商的人数也开始飙升到1500余户，对我们这些传统的电商经营者产生了很大冲击。从那以后我就开始思考如何在众多网店中脱颖而出。经过我们团队的不断思考与实践，开始逐步建立果苗电商交流中心，主要是负责特色果苗的研发与栽培工作。为了加快研发速度，我投入了近200万元，基地培育的果苗不仅品种多而且还具备成活率高、生长快、结果早和产量高的特点，在进行网店销售过程中获得顾客的众多好评。现在公司销售的果苗也逐步形成"名、特、优、稀"的品牌文化，在市场中也有一席之地。

汉塘村电商行业的逐步发展改变村庄传统的经济生态，围绕着电商行业形成不同的就业选择，农民兼职现象开始增加。由于电商大户的不断发展壮大，对于人员和产品的需求不断增多，部分农户和电商小户在完成本职工作后，向大户寻求新的就业机会，成为大户的临时工和小型供货商。

三、规则生成：从"人人有饭吃"到"跟着大户混饭吃"

苗木电商在发展中呈现出企业化的趋势，越来越多的苗木电商经营者开始注册公司和产品商标，重视团队管理、品牌建设和售后服务。消费者也越来越注重苗木的质量、品质和售后服务，与此相反，苗木销售产品的价格对销量的影响程度正在降低。

第一，苗木大户通过产品、品牌、团队、专业化高端平台对经营的苗木产业进行打造，不断强化自身的经营优势。苗木大户经过多年的电商从业已经积累了一定的资本，不仅掌握有更加前沿的讯息，对待自营的苗木发展也有更加长期的规划。看到消费者对待产品的质量、品质和售后服务等要求较高，汉塘村苗木种植的大户已经开始向品牌化和专业化方向转型，不仅开始请专门的团队来运营网络店铺，还通过申请商标，注册品牌的方式来促进自营苗木产业向更加专业化和高端化的方向靠拢。

第二，苗木大户开始加强广告宣传费、产品推广费的投入，与平台形成更加密切的合作关系。电商经营者开始从事苗木电商时，电商平台都会对新店铺有一定的流量扶持和广告宣传优惠，并为新店提供更多的曝光量。但在后期店铺的经营管理中，小户却很难对已有的店铺进行管理和维护。从推广费用的角度来说，电商平台在付费推广上的设计呈现越发精细化的态势，具体表现为在推广竞价时间上的精细化、广告展位设计上的精细化以及广告投送对象与展现方式上精准化。总的来说，这些精细的划分在极大程度上为电商想要达到的推广效果做出了更加精细化的区隔，以在最大程度上达到电商想要的推广需求。但从另一角度来说，精细化的付费推广将电商与平台的关系捆绑得更加紧密，没有投入相应的推广费用，便很难维持自营店铺的曝光流量，无法获取到新的销售订单。对于苗木电商小户而言，精细化广告并不能马上带来苗木订单，但由此产生的高额推广费用却可能导致成本进一步增加，这使得他们对这一应用缺乏积极性。

第三，小户难以在店铺经营中抢占优势，开始逐步退出电商从业，转而成为电商大户的线下供货商。高额的店铺推广费用与缺乏专业的团队运营让小户在电商平台上的运营举步维艰，难以通过经营店铺来获取到经济利益的小户不再选择从事电商运营，开始向大户电商进行苗木供货来经营自有的苗木产业。

小结：线上竞争与电商规则

汉塘村苗木产业在发展的过程中逐渐完善了产业链的发展体系，形成了一定的发展规模。在产业体系的构建下，线上劳动与农村电商场域空间形成，电商、农户、消费者三方之间遵守电商平台的基本规则，并在场域空间中达成合作，而电商个体之间存在的竞争与合作关系，让村内形成了线上线下合作交易的规则。

汉塘村电商产业依托当地丰富的苗木资源基础逐渐发展起来。最先从事苗木电商产业的个体首先将平台销售与当地苗木进行连接，收割了第一波来自苗木电商产业的红利，成为当地苗木电商从业的大户，并借助率先从事苗木电商的优势，不断扩大自身资本。在苗木资源的扩张上，大户率先抢占村内市场，通过租赁的方式获得更多土地用来培育苗木，还与身边更多的农户达成了供货协议；在店铺的经营管理上，率先从事平台销售的电商大户掌握了更多的销售经验，在平台上有更多的基础，依照积累起来的口碑，大户拥有的信誉度更高，还具备更加丰富的客户资源，在持续的店铺维护中，大户注重对网店的管理，向网店投入了更多的人力和财力，将店铺打理得更加精细。与此相反，在大户形成一定基础后，进入电商平台的小户商家，几乎不占有任何的优势。首先，在苗木资本的占有上，小户很难与大户持有的资源相比对；其次，小户缺乏团队与资金，难以同时做好店铺管理与苗木培育；最后，在店铺的经营维护上，后进入的商家在平台中积累的信誉值有限，还缺乏专业的团队为店铺的运营进行打理，难以吸引到客户资源，想要通过电商平台将自身的苗木产业做大较为困难。在此基础上，小户逐渐放弃对电商平台店铺的运营，成为大户的专门供货商。

线上竞争促使汉塘村苗木电商产业进一步完成精细化分工。目前，当地苗木电商产业的发展已经形成一定的规模，产业链体系也在产业的发展中逐渐完善。未来，汉塘村电商产业的发展将随着规则化的演化具备更高的生产水平，构建起当地独具特色的生产体系和品牌商品。

第五章

平台规则、依附劳动与农村电商
分利秩序

电商平台打破了传统线下农产品销售的时空限制，为农村商业提供了一个虚拟网络交易市场，使得农产品网络销售交易成为可能，有效解决了农产品信息不对称和产销问题。平台凭借其数据、资本和技术优势，掌握着更改和制定平台规则的权力，用以对用户进行管理和支配。新的交易方式，势必会产生新的利益分化矛盾。因此，如何构建完善的电商平台规则，特别是聚焦于农村电商分利秩序环节尤为重要，其亦是农村电商能持续发展的根本。

第一节　电商平台与"线上劳动"

电商将传统的商务流程电子化、数字化，一方面以电子流代替了实物流，减少了大量的人力和物力成本；另一方面突破了时空限制，大大提高了商品交易率。电商平台的运行依靠用户的线上劳动，并通过线上交易来维系。

一、电商平台的集聚效应推动时空压缩

电商平台的集聚效应主要表现在两方面。一是当店铺集聚在同一平台上时，大量商家共同进行产品展示与销售，使得用户在搜索商品名称时，网站页面会显示相近的目标商品，从而把不同店铺的商品展示在消费者面前；二是当店铺集聚

在不同平台上时，产生了信息流共享的效应。因而，不同平台的共同发展对电商的普及具有极大的促进作用，从而吸引更多消费者进入电商平台，逐步改变其传统线下消费方式进而转向电商平台线上消费。然而，无论是店铺聚集在同一平台上或聚集在不同平台上，都会使得平台流量聚集，使得相关信息聚集在一起，实体空间的信息在网络空间中不断地被压缩，不同主体被置于同一空间，而随着空间压缩，交易时间缩短。

在互联网时代，随着电商技术的成熟和广泛运用，迅速突破时空限制，传统线下交易模式被改变，大量商家和用户集聚电商平台，从而产生了具有重要影响的集聚效应。一定地域范围内人际交往所需的时间和距离，随着通讯技术的进步而缩短，人们在电商平台上即可销售商品或购买所需产品，减少了不必要的中间流通环节，从而节约交易成本价值。

电商平台的时空压缩是伴随着价值实现与增值的。电商之所以能够兴起并逐渐成为促进经济发展的重要平台，究其原因是其凭借着互联网技术优势拉近了生产者、销售者与消费者之间的空间距离，打破了三者的时间限制，最终实现了空间压缩，使得生产者和消费者的直接交易成为可能，从而实现其价值。

二、"线上劳动"是电商平台的价值来源

电商平台之所以存在，是因为其为企业、商家和个人提供了方便、快捷、高效的交易方式，通过提供网络基础设施、支付平台、安全平台、管理平台等共享资源，有效地、低成本地完成了商业活动。

"线上劳动"是电商平台的价值来源，其围绕交易实现而展开，具有现实价值。电商平台为商家和消费者提供了一个虚拟的网络空间交易市场，商家通过电商平台开设店铺，并进行店铺美化和经营，把自己所销售的商品通过店铺展现出来；而消费者则通过电商平台，搜索寻找自己想购买的商品，从而进入相关产品展示界面或商铺，最终通过和商家的交易完成合作。"线上劳动"的方式丰富多样，商家通过各种营销方式吸引消费者的关注，进而引导其进行消费。商家一般

会通过直播短视频、节日促销等方式寻找消费者。

"线上劳动"以线下劳动为基础，是对线下劳动尤其是商品流通和销售环节的必要补充。"线上劳动"是为线下商品服务的，线上进行的商品销售离不开线下劳动，线下劳动主要包括商品的生产、加工、流通和销售等。"线上劳动"主要是为了促进交易，而线下劳动则处理线上交易意向初步达成之后的剩余事项，是实现产品产销的行动主体。

三、平台规则对"线上劳动"的支配

电商平台作为一种新兴的网络虚拟交易场所，亦需要遵守相关法律法规。与此同时，其也有相应的平台规则，以保证其正常运营。平台规则是对现实交易场所规则的线上移用与强化，并结合线上空间进行了适当的改造与调适。其对规范商家经营行为至关重要，有利于电商平台对商家进行管理、约束和监督。商家经营电商平台主要是通过线上进行，其突破了传统线下面对面交流的方式，在线上与消费者交流、进行商品交易，要想维护平台相关主体利益，就要共同遵守电商平台制定的规则。

交易场所的利益最大化与秩序维系依然是平台基本出发点，其维系的根本在于交易实现。商家进入电商平台就是想通过其开发新市场，打开产品新销路，促进产品交易，实现产销对接，节约交易成本，进而实现收益最大化。电商平台亦是如此，通过吸引商家入驻，成为商家与消费者沟通交流的桥梁和纽带，并通过促使两者达成交易而从中获利。但要想实现交易场所的利益最大化与秩序维系就要制定相应的平台规则，使平台利益相关主体接受和遵守，对违反平台规则者处以相应的处罚。

不以规矩，不成方圆。平台规则是苗木电商"线上劳动"的基本依据，也是平台管理和规范电商行为的重要基础。一方面，商家入驻电商平台就要遵守平台规则，在平台规则范围内或者不触犯平台规则的情况下进行相关的"线上劳动"；另一方面，电商平台要想实现对用户的支配和管理，就要制定相关平台

规则。因为伴随着用户数量的不断增加，平台集聚的用户越来越多，没有相关规则，就无法维护平台相关主体的利益，平台发展也会混乱无序，最终导致平台无法正常运营。因此，任何网店从开店到闭店这一系列过程中，都需要制定有一套较为成熟和规范的平台规则，把用户放在一个框架里，使其遵循平台制定的规则。

第二节　依附劳动：农户在电商平台的工作内容与方式

与传统农业生产活动不同，农户在电商平台的工作内容和方式需要依附于互联网的运行，其内容与方式都取决于平台规则。农户从加入电商平台开始，就要严格按照其规则来进行。遵守规则才能在平台生存，而积极活动才能带来流量，流量则与销售量和利润有着直接的联系。

一、程式化的工作内容

进入电商平台对大多数用户来讲较为容易，因为其门槛低、投资小，并且从开店到经营有专门的流程指引参考。以某大型电商平台为例，其具体的操作流程如下。

（一）线下办理营业执照

根据《电商法》规定，电子商务经营者必须办理营业执照，办理营业执照的步骤为：确定注册地址、注册资金和经营范围等；准备 5 至 10 个公司名称，到工商局办理核名；持地址证明、法人或负责人身份证等资料到工商局申请设立、办理营业执照；审核通过后，领取营业执照。

（二）线上开设店铺

遵循平台开店规范，满足其开店的基本条件。之后便可以申请账号，然后进行激活。平台设有相应的流程，根据流程操作并提供所需的相关材料，即可以完成店铺激活。

（三）网店装修

平台上会提供各式各样的装修模板，可以按风格、行业和颜色等进行选择，或者在设计网站购买模板进行使用，即可完成网店装修。

（四）日常运营维护

平时要进行网店日常服务，如推广店铺、接待买家咨询和售后服务，平台会有专门的课程培训，通过学习即可掌握基本的网店管理经营技能。

二、标准化的工作方式

（一）网店开办与装修标准

关于网店的开办和装修标准，电商平台都会有相应的模板。店主首先要按照标准流程注册与激活网店，进行商品采编，并进行网店美化与装修。然后利用平台提供的素材，完成网店首页的"店铺招牌、商品分类、广告图、轮播图、导航、商品推荐"等栏目的设计与制作，并完成商品详情页的"商品展示类、吸引购买类，促销活动类、实力展示类、交易说明类、关联销售类"等项目的设计与制作。

（二）客户服务行为规范

电商平台作为服务行业，需要高度重视服务质量，并做好服务工作。客服在电商平台中是具有重要代表性的角色，其代表着店铺和公司的形象。作为客服，一是要熟悉各个电商平台买家购物流程操作；二是要有专业的售后服务常识，了解售后问题类型，解答顾客问题；三是有一定的营销技巧，并熟练掌握电脑基本操作；四是工作有耐心，服务态度好，不和客户争执，应急和重要事情及时上报，解决客户疑问纠纷等。

（三）销售与评分规则

在众多的店铺宣传方式中，客户评价无疑是重要方式之一。产品评价、产品质量、店铺服务态度、售后保障、物流速度是买家尤为关心和关注的，也是最能促进用户下单的关键点。其中，客户评价对店铺经营至关重要，从某种意义上说，这也是电商平台方对店铺的一种约束或激励方式。为了更好地突出客户评价的价值，平台制定有相应的评分规则，具体如下。

一是评分标准的架构。评价包括"店铺评分"和"信用评价"。店铺评分由买家对卖家评出，即对商品或服务质量、服务态度、物流等方面进行评分；信用评价由买卖双方互评，包括"信用积分"和"评论内容"。

二是评分逻辑。每项店铺评分均为动态指标，系此前连续6个月内所有评分的平均值。每个自然月，相同买家、卖家之间交易，卖家店铺评分仅计取前三次。店铺评分一旦作出，无法修改。

三是卖家信用积分逻辑。在信用评价中，买家若给予卖家好评，则卖家信用积分加1分；若给予差评，则减1分；若给予中评或15天内双方均未评价，则信用积分不变。若卖家给予好评而买家未在15天内给其评价，则卖家信用积分加1分。相同买家、卖家任意14天内就同一商品多笔交易产生的多个好评卖家只加1分、多个差评卖家只减1分。每个自然月，相同买家、卖家之间交易，卖家增加的信用积分不超过6分。

四是买家信用积分逻辑。买家购买商品，每完成一笔"交易成功"的交易，买家信用积分加1分；若卖家给予买家差评，则减1分。相同买家、卖家任意14天内就同一商品的多笔交易只加1分，多个差评只减1分；每个自然月内相同买家、卖家之间交易，买家增加或扣减的信用积分不超过6分。同时，"淘宝"平台可视买家的违规情形及违规次数，对买家的信用积分进行一定扣减。买家信用积分每月1日更新。

五是评分解释与修改。被评价人可在评价人作出评论内容或追评内容之时起的30天内作出解释；评价人可在作出中差评后的30天内，对信用评价进行一次修改或删除。

（四）与平台互动的行为规范

在与平台互动的过程中，平台规则是一根红线，不能轻易触碰。因此，用户要遵循电商平台方制定的相关规则，若违反平台互动规则就要受到相应的处罚或承担后果，如冻结账号或封店等。

三、"线上劳动"对农户经营行为的形塑

（一）平台对流量的控制

引入排名和竞争机制，使得农户行为以流量为中心。电商平台中面对多如牛毛的网店和商品，消费者需要从中挑选他们认为最优的，电商平台也需要从中谋利，于是电商场域中竞争规则形成了，围绕着商品展示、排序、机会等出现了付费推广与竞价排名机制。[①] 电商平台为了实现对流量的控制，从而引入排名和竞争机制。影响综合排名的因素主要有三个。一是店铺因素：店铺层级，层级越高，流量越高或转化越高；店铺动销，近30天店铺动销率达到60%是健康的，80%是优秀的；服务指标，信用分越高，店铺权重就越高；回购率，老顾客回来购买的比率；违规扣分，扣分越多，排名越靠后。二是商品因素：单品销量、新品权重、主图点击、加购收藏、跳失率、单品转化和下架时间等。三是买家权重：买家权重越高，店铺权重越高。

对于商铺来说，如何使综合排名靠前，从而引起消费者的关注，是至关重要的。综合排名靠后，店铺商品难以展现在消费者面前，经营电商平台的作用和意义减少，商品难以打开市场，受益也会减少。为了实现获益，商家前期都会投入一定的资本进行广告推广、引流量、冲销量等行为，会导致彼此之间激烈竞争。

---

① 邵占鹏：《规则与资本的逻辑：淘宝村中农民网店的型塑机制》，《西北农林科技大学学报（社会科学版）》2017年第4期。

（二）对农户竞争观念的形塑

强调电商之间内部竞争，有意规避平台控制权，会让农户陷入竞争焦虑。电商平台是一个网络虚拟交易场所，为农户开辟了一个崭新的线上消费市场，各个农户入驻电商平台寻找商机。随着农户数量的不断增加，为了实现利益最大化，彼此之间就会形成竞争。电商平台方没有直接参与竞争，而是通过掌控平台规则和竞争机制实现对流量的掌控。

（三）对农户销售行为的形塑

电商平台奖惩结合，通过排名刺激使农户更加遵守平台规则。电商平台为了实现对农户的管理，都会制定有相应的奖惩机制。如客户评价机制，客户评价是店铺做好宣传的重要方式之一，评分越高等级越高，越有利于店铺的经营，而违反平台规则的用户则会遭遇到相应的惩罚。正是基于这样的奖惩机制，促使农户为了实现利益最大化就要遵守平台规则，接受平台方的支配和管理。

第三节　规则支配：电商平台强势地位的形成

斯尔尼塞克（Srnicek）提出平台资本主义概念，即平台资本对数字基础设施的渗透不断加深，而社会对数字基础设施的依赖性增强，越来越多人成为依赖平台的用户。[1] 电商平台方凭借其数据、技术和资本优势，掌握着制定和更改平台规则的权力，而作为用户只能遵守，却不能轻易去改变平台规则，受电商平台管理和支配。

一、"大流量"：流量集聚的规模效应与用户黏性

电商平台是流量汇集之地，掌握流量即掌握对用户的支配性权力，但同时也要承担维护用户权利与平台秩序的责任。如同布迪厄在其场域理论分析中所指出

---

[1] 尼克·斯尔尼塞克：《平台资本主义》，程水英译，广东人民出版社，2018。

的，支配者掌握对自己有利的场域运行规则，但也要应对被支配者的反抗。[1] 随着电商平台规模不断扩大，网店数量增多，众多的商家集聚平台，由此导致了同行激烈的竞争，商家为了综合排名和吸引客源，必须积极参加电商平台的广告付费推广活动。目前汉塘村，大多数农户用得比较多的是"直通车"推广[2]方式。

众多网商在争夺广告和商品展位过程中积累了丰富的出价、投放和优化技巧，然而再多的技巧都基于预算是否充足。由于电商平台门槛相对较低、投资相对较少，初期大量用户进入平台。随着平台推广运营成本的不断提高，竞争越来越激烈，中后期大多数用户的运营资本严重不足。面对电商平台相对较高推广的运营成本，他们也会在规则许可范围内通过各种营销策略应对激烈竞争，比较常见的方式如薄利多销、亏本运营等，通过这样的方式来提高其店铺综合排名或获得展现的机会。

电商平台资本积累的延续性依赖流量的忠诚度，尤其是顾客的忠诚度。电商平台与店铺之间的流量存在竞争与合作的关系，一般而言，最开始电商平台主要依赖众多商铺店主聚集人气和流量，当其发展到一定程度后，商铺店主反过来依赖其获取展现机会和店铺流量。从电商平台的角度来说，其更希望的是顾客忠诚于自身而非商家。在"流量为王"的时代，拥有的顾客越多，也就意味着占有的流量越多。

二、"大数据"：数据技术带来的精准匹配与服务增值

为优化用户体验，"千人千面"技术应运而生，它是运用大数据和人工智能技术提供的一种网页排名和信息匹配智能算法。基于数据技术优势的精准匹配能力能够维护电商平台中积极的网络效应，同时，电商平台利用强大算法、规则指

---

[1] 布迪厄·华康德：《实践与反思——反思社会学理论导引》，李猛、李康译，中央编译出版社，1998。
[2] "直通车"推广：即通过在搜索引擎或其他平台上购买关键词、广告位，提高产品或服务的曝光率和点击率，从而吸引潜在客户的商业运作行为。

南、有效配置等方式严格且无形地控制从业者。[1]电商平台也面向广大网商进行技术赋能,如运用大数据、云计算、智能软件等技术手段进行网店运营,使得商家不必花很多成本在基础设施建设上,同时,商家之间和商家内部的信息共享与协作更加方便。

根据"淘宝会员"评级标准,分为心级、钻级、冠级三个级别,每一级别下又细分五个档次。汉塘村村民注册的苗木电商平台,多为心级用户,通称为"小户",线下种植规模相对较小;少数用户级别达到钻级,通常线下种植规模较大,且注册有正规公司和品牌,被称为"大户"。

相对"小户"来讲,"大户"拥有一定的资本、技术、经验和数据优势。如灵山县三海镇苏屋塘村"网红"——"巧妇9妹",2019年全网粉丝达到1000余万,视频播放量达到10亿次,发展至今,其网店规模不断扩大,使用的网店设备也愈发先进。一般来讲,"大户"带来的流量,从某种意义上也间接壮大了平台发展规模。

许多网站都会提供免费技术资源,而增值服务则需要付费。一般来讲,平台提供的基础设施,通用技术的服务基本上是免费的,这就使得进入电商门槛降低,由此吸引大量用户进入平台。用户进入平台后,要想获得更大的收益,就要进行相应的资本投资。电商平台为实现对流量的控制,通常会引入综合排名和竞争机制,由此引发了增值服务的出现。由于用户经营平台的能力和精力有限,一般都会通过电商平台提供的增值服务项目去提高其商铺综合排名,而这些方式是需要付费的。

三、在线支付:现金流占有与货币数字化

电商平台的支付方式即在线支付,具有简便、安全、迅速的特点,并且突破了时空限制,替代了面对面使用现金进行交易的传统方式。电商平台对在线支付

---

[1] M. Ahsan, "Entrepreneurship and Ethics in the Sharing Economy: A Critical Perspective," *Journal of Business Ethics* (161) 2020: 16—33.

进行严格的管理，平台内所有店铺销售收入必须进入指定账户，这就导致了消费者支付的货币没有直接进入商家账户，而是先进入支付平台中，待用户收到货并验货后，可以选择确认付款或由平台于规定时间内自动确认。由于部分消费者都是等到规定时间自动确认付款，这让电商平台暂存的流动资金体系庞大。掌握海量的流动资金是电商平台经营的重要动机，有利于其实现收益最大化和对平台进行有效管理。由于退货和退款业务时有发生，面对这样的情况，电商平台对符合退货退款的货物进行快速处理，有利于减少消费者对平台的投诉。而这些对于农民网商却是不利的，会使资金回笼和追加扩大再生产的周期增长。

货币数字化是运用现代的信息技术，尤其是互联网大数据技术等，以数字化的方式解决金融信息载体或信用凭据等问题，更加有效地实现货币清算等功能。在未来数字化知识经济时代中，货币将发生重要的变化，其将变成一连串储存于计算机中的数字影像——数字化货币。这是一种会比以往任何时代的货币都更加方便、实用的货币，一种彻底改变我们的生产生活方式的货币。随着大量的流动资金暂存在支付平台中，电商平台具有了货币的数字化能力。在电商平台发展中，通过充分发挥货币数字化的作用，使货币的数字化覆盖人群更广，包含了广大的网商、用户、服务商、供应商、消费者等相关人群。

四、单向规则：制衡网店与平台权力最大化

随着电商平台集聚流量规模不断扩大，速度持续加快，平台方凭借其拥有的资本和技术优势制定平台规则，并面向网店群体进行约束和管理，以实现平台利益最大化。尽管农村电商中有众多电商平台，但很多店主也会选择多家平台开不同网店同时经营，而最终能够有足够流量养活网店的平台只有一两个，因为同时出资运营多个平台需要很大的资本投入，农户也会选择性地运营重点平台，对于农村大多数农户来讲，他们的资本是有限的，所以也不会把所有资本都投入到平台运营中。

电商平台规则一旦制定，用户既然选择加入到这个平台，无论愿意与否都必

须无条件遵守，否则会被限制流量，甚至被封号注销。电商平台在用户没有进入之前就已经制定好一套相对成熟的平台规则，当用户注册进入电商平台过程中，就已经开始受到平台规则的约束。用户在进行"线上劳动"过程中，始终都要遵守平台规则，因为这是平台方制定的管理红线，任何用户触碰都会受到相应的处罚。如果电商平台没有制定好相关平台规则，随着大量用户的集聚，就会无法对用户行为进行管理和约束，任其自由发展，平台的发展就会混乱无序，最终无法实现平台利益和权力最大化。

当然平台规则也不是绝对化的，往往会根据国家相关政策以及实际运营过程中的实际情况而进行更改或完善。如果电商平台随意更改平台规则，就会使其平台规则达不到相应的执行效果，缺乏信度和效度。

五、封闭空间："数据孤岛"与"信息茧房"

各电商平台之间基于竞争而保持相对独立，数据各自保管存储，对数据的认知角度也截然不同，最终导致数据之间难以互通，即各平台上的数据只对本平台内的网店开放，并且网店只能接收到与自身相关的信息，无形中使得各个独立的电商平台成为一个"数据孤岛"。电商农户们只能通过个人分析对各个平台的信息进行对比，以求个人利益最大化，而某些不具有分析数据信息以及开拓新市场能力的电商，则会困于"信息茧房"中难以突破。

"数据孤岛"的形成是以数据安全为理由，实则是维护平台利益最大化，导致农村电商在多个平台注册，增加"线上劳动"。从某种意义上讲，这是由于各个电商平台之间的竞争造成的，每个平台都想拥有巨大的市场和海量的用户和流量，实现其平台利益和权力最大化，而这种竞争则是以牺牲农村电商的"线上劳动"和资本为代价的。农村电商为了打开更大的产品消费市场并拓展客源，不得不同时运营多个平台。因为只有通过这样的方式进行产品销售并达成交易才能实现其利益最大化，否则就会失去市场。

"信息茧房"主要是由于平台算法对流量的控制和对网店的信息推送形成特

定偏好，导致网店很难接触新型客户。各网店之所以集聚电商平台，是因为电商平台打破了产品销售的时空限制，使网店与消费者可以随时随地完成交易，有效解决产品产销问题。但伴随着网络"信息茧房"的生成，平台内各个网店与外部世界的交流会大幅减少，这限制了网店群体的发展空间。随着网店的生存空间变小，没有优势的网店就会丧失竞争力，最后或许会选择退出电商平台。

第四节 线上生存：农村电商依附性地位的生成与影响因素

电商平台为农民网商提供了致富渠道，也建构了依附的生产关系：农民网商需要遵守电商平台的规则，积极参与各类付费推广活动，不断适应平台发展需要；电商平台利用技术、资金和宣传手段相互作用，使流量迅速集聚于此，对传统经济市场体系有一定的冲击作用，在同类化和同级化市场中，使得产品供销商对拓展新市场的独立意志被逐渐消磨，行为被平台逐渐捆绑限制，从而处于依附生存的状态。

一、流量集聚摊薄个体利润

汉塘村有着传统苗木种植产业的基础，伴随着苗木销售在传统线下市场的局限，如何打开新的消费市场是汉塘村苗木产业发展面临的困境。2008年，该村的育苗大户 HZW 尝试通过电商平台进行苗木销售，取得了意想不到的效果，之后其不断发展电商，并做大做强，通过电商走上了致富之路。村民纷纷效仿，开设网店售卖苗木产品。随着村民群体在不同电商平台经营网店，网店数量迅速增加，更为重要的是，村民通过电商平台成功销售了苗木，这一行为打破了产品销售的时间和空间限制，拓宽了客源市场，减少了不必要的中间环节，节约了生产经营成本，增加了村民的收益。

汉塘村村民主要收入来源以种植业和电商产业为主。2018年，全村培育电商经营户300余户，开设网店400余家，实现苗木销售额达1.6亿元，带动就业

1200 余人，被誉为"灵山农村电商第一村"，成为名副其实的"电商村"；2019
年，汉塘村（电商果苗）入选第九批全国"一村一品"示范村镇名单；2020 年，
汉塘村入选"2020 年全国乡村特色产业亿元村"名单。通过传统苗木种植业与
电商产业的相结合，村内苗木电商形成了一个流量集聚区，有流量就会有销量，
促进了苗木的销售，间接带动了相关产业的集聚，促进了村庄基础设施建设。然
而，由于村内网店众多，销售的产品同质化较为严重，也就导致了各种网店产品
价格相差不大，并且都有一定的流量，因此造成大多数网店进行薄利多销，利润
微薄，村民只想"赚个白菜钱"，从而限制了个体用户进一步盈利的空间。

二、人才和技术制约网店规模壮大

乡村振兴，关键在人，人才振兴是乡村振兴的前提和重要支撑。专业营销人
才少、懂技术和产品开发的人才更为稀缺，限制了农村电商规模的发展壮大，从
而更加没有脱离平台或与平台议价的能力。对于大多数农村地区来讲，产品生产
所需要的劳动力容易获得，因为产品的生产和加工要求不高，加之农民对本土产
品或多或少都会熟悉或有一定了解，如果生产过程中遇到问题，都可以通过熟人
关系相互交流解决。而网店运营要求则相对较高，懂运营技术、对电商平台有深
度的认识、善于把握电商发展趋势、能够运用后台大数据信息的人，正是农民网
商所需的人才，也是农民网商急需的劳动力。

产业兴旺是乡村振兴的重点，也是基础。苗木电商作为汉塘村发展的重要产
业，人才对其产业发展至关重要。经实地调研得知，汉塘村大部分农户电商只有
初中文化水平，虽然有电商经营经验，但也只是懂得基本的操作，对于电商平台
不断优化升级所需要的深度运营能力则相对欠缺。有些农户因不懂运营电商，产
品销量不好，所获得的利润较低，便选择退出了电商平台。

随着互联网技术的不断进步，电商平台也会对网店运营的要求越来越高，而
网店的提档升级需要专业化的运营团队。目前大多数农民网商还处于"直播卖货"
阶段，缺乏适当消费升级的观念。一些"电商村"发展起来后，带动了相关产业

的集聚，如零售商、快递物流、代运营公司等。虽然有些农民网商通过代运行公司进行网店运营，但因为代运营公司一般会同时运营多个网店，很少有专注运营一家网店的公司，而且运营成本也很高，因此网店运营的效果往往得不到保证。

三、非官方策略遭遇平台规训

电商平台凭借其数据、资本的技术优势掌握着制定和更改平台规则的权力，网店只有遵守平台规则，才能更好生存和发展。如果中途退出平台，前期投入的资本、时间和精力等都会浪费。因此为了在平台中赢得生存，网店一方面遵循电商平台的规则，通过平台推广获得商品展现和店铺流量；另一方面依靠营销策略获得一些免费流量和老顾客。

目前许多"电商村"几乎是主营同一个具体类目商品，"电商村"之间商品类目上也会有交叉重叠部分。当一个类目下的网商不断增加时，就会加剧彼此之间的竞争。要想获得更大的收益，一种方法是薄利多销，另一种方法是通过投入一定的资本全力打造产品品牌、挖掘产品特色或差异化生产。但是对于大多数农村网商来说，后者并不容易实现。

从长远发展的角度来说，农民网商依靠低价走量并不是持久发展之计，因为以"低价走量"吸引消费者的是价格而不是产品质量，但随着中国经济的快速发展，人民生活水平和收入的不断提高，消费观念发生了巨大改变，从关注"产品价格"到"重视产品质量"，因此也无法形成用户黏性。

现阶段，国内几大网络零售平台已经集聚了海量的人气、流量，已经拥有了流量寻租的权力。[①] 在这种情况下，电商平台与网店店主之间的关系发生了实质性的改变，过去电商平台主要依靠众多网店集聚人气和流量，当平台发展到一定阶段，有足够人气和流量后，网店反而需要依靠平台才能更好生存与发展。正是基于此种转变，平台也改变了以往的管理方式，从默许"刷单"行为到选择性惩

---

① 邵占鹏：《规则与资本的逻辑："淘宝村"中农民网店的型塑机制》，《西北农林科技大学学报（社会科学版）》2017 年第 4 期。

罚，再到后来的"严抓严打"，若网商违反平台规则就会受到相应的惩罚，如限制活动、封店等。

四、自建平台或多平台陷入流量困境

自建平台可以摆脱电商平台的流量控制及相应平台规则，但这对大多数农村网商来说是难以实现的。一方面是自建平台需要投入很大的推广成本，随着电商平台的不断增多，想要在众多平台竞争中脱颖而出更是难上加难。另一方面是自建平台需要有人才做支撑，目前有足够能力经营电商平台的人才还是相对比较欠缺的，就算找到相应的人才，留住人才也是一个很关键的环节，这也是目前许多公司面临的难题。因此，农村网商想要通过自建平台来获取大量的人气和流量，基本是难以实现的。

在不同平台上开网店，这要求农户网商熟悉各个电商平台的情况，因为不同电商平台的网店运营是有差别和侧重点的，比如运营重点、平台规则、流量控制等。此外，还需要有足够的时间和精力，否则虽然在不同平台开了网店，但没有去真正运营，也是于事无补的，体现不出多平台运营的优势。笔者在与许多汉塘村村民访谈中得知，目前村民使用比较多的电商经营方式是多平台运营，大部分是由青年群体运营。多平台运营相对于自建平台费用较低，基本每天都会有订单，有相应的收入，但无法使流量集聚在网店上，这就导致多平台运营陷入了流量困境。

第五节　分利秩序：平台和农户之间利益格局与交往规则的强化

一、利益格局：基于数据权力的利益分配

利益格局即在一定社会和制度环境下形成的以经济效益为主要表现形式的社会利益形态。随着大数据时代的到来，为电商平台的利益、管理、产品开发等提供了新的思维、方法和技术。基于电商平台数据权力的利益分配，在此以"淘

宝"平台为例进行相关说明。"淘宝"平台的利益收入构成主要由三部分组成：一是基础费用，即保证金及技术年费；二是增值费用，即广告费、罚款、"免费换新"和"全保修"等特色服务费、资格认证费、推广费等；三是隐性费用，即现金流利息收入、广告费收入、物流分成收入等。

电商平台以进入门槛低、投资小，成功吸引了众多农村网商的进入，为其平台集聚人气和流量。通过为农村网商提供了一个虚拟的网络交易市场，各农村网商进入到线上市场中，使得农村网商的农产品销售获得了更为广阔的市场，获得了更多的信息资源，拓宽市场客源，有利于解决农产品"难卖"的现实问题。在为了农民网商的利益着想的同时，实现自身利益最大化。比如"淘宝"平台以进入门槛低、押金起步价低、免网店租金、免提现手续费等优势，成功吸引了众多农村网商的进入。农村网商进入后，一方面帮助农村网商经营网店，为其打好相应的基础；另一方面逐渐引领农村网商走向增值服务项目，以实现其利益的最大化。其盈利项目如下：

一是基本费用盈利。保证金及技术年费，"淘宝集市店"保证金1000元起步，天猫50000元起步，部分类目行业甚至高达100000元。"天猫商城"不同类目都有相对应的佣金和积分扣点以及技术年费，如果达不到返还的销售额，就会扣除该年的技术年费。但是，"淘宝集市店"不同，只要店铺没有关闭就不会扣除保证金，一直压在"淘宝"平台终端，而且是没有产生任何利息收入的。而"淘宝"平台对外的"淘宝贷款"是有利息的，这也是其盈利方式之一。

二是"支付宝"相关盈利。"支付宝"业务充分调动了买家的闲置资金，其推出的余额宝等业务，提供高出银行的利率。吸收的存款可以以更高的利息对外借贷或投资，充分利用亿万买家的闲置资金实现资金的流动性价值，进而盈利。

三是相关工具盈利。其平台推出的"直通车""钻石展位""聚划算"等一系列推广、展现、营销工具和活动等为其源源不断地创造盈利。

总之，电商平台为了实现其利益和权力最大化，前期会投入一定的资本进行推广，吸引农村网商的加入并对其进行相关的帮助，中后期则通过各种方式从农村网商获取利益，这也就是许多农村网商在中后期难以运营的原因。

二、交往规则：平台、电商与客户的多维互动

各电商之间、平台与电商之间虽有竞争，但也有相应的交往规则，维护共同发展秩序，遵守规则是为了维护利益。

（一）平台与电商之间

平台依法而立，其对于电商来说是管理者，为更好规范电商经营行为，维护市场秩序，促进平台持续健康发展，就会制定电商行为准则和收费标准。对于电商经营者来说，了解和熟悉平台规则，才能避免被平台惩罚，从而更好经营自己的网店。由于各个电商平台制定的电商行为准则和收费标准都会有所不同，所以没有相对统一的电商行为准则和收费标准。下面以"淘宝"平台为例，简要介绍其电商行为准则和收费标准。

一是电商行为准则，具体包括价格管理规则、活动管理规则和违禁信息规则。首先是价格管理规则，包括日常价格规则和活动价格规则。其次是活动管理规则，店铺在做营销活动时，必须遵守淘宝市场管理与违规处理规范、价格管理规则和相应活动要求，不能用不正当方式获得活动利益。店铺违反活动管理要求，或不符合报名要求的，除按照相关规则处理外，淘宝还会根据店铺具体情况对其采取公示警告、营销活动降档或清退、限制参加营销活动等处理措施。再次是违禁信息规则，会员未按特殊商品要求发布商品或信息的，平台会删除相应商品或信息，包括出售中及线上仓库中的商品或信息。此外，平台还会视违规情节严重程度采取监管措施，如下架商品、删除店铺及相关信息、关闭订单、延长交易账期、支付违约金等。

二是收费标准，具体包括保证金、技术服务费和"淘宝商城"各类目费率或年费标准。首先是保证金。品牌旗舰店和专卖店带有 ™ 商标级别的缴纳 10 万元，带有 ® 商标级别的缴纳 5 万元；特殊类目中，卖场型旗舰店，保证金为 15 万元；

经营未在中国大陆申请注册商标的进口商品的专营店，保证金为 15 万元；"书籍 / 杂志 / 报纸""音乐 / 影视 / 明星 / 音像"及"演出 / 吃喝玩乐折扣券"类目不涉及品牌属性且无专卖店类型，保证金收取方式为旗舰店 5 万元，专营店 10 万元；"网游及 QQ""话费通信""旅游"类目的保证金为 1 万元。其次是技术服务费。返还政策，即商家达到对应交易额度且协议终止（包括到期终止和未到期终止）时近 6 个月（不足 6 个月的以实际经营期间为准）内 DSR 平均不低于 4.6 分。年费结算，即提前退出的，因违规行为根据规则规定被清退的不返还年费，或根据协议通知对方终止运营、因试运营未通过审核进行清退、按实际运营时长计算因逐月均摊年费而需返还的费用，或入驻头一个月的免当月年费，但是作为年底计算返固定年费的交易额基数则从开店第一天开始累计。跨类目入驻，年费按最高金额的类目缴纳，但实际结算按入驻到结算日期成交额占比最大类目对应的标准返还。再次是淘宝商城各类目费率 / 年费标准，例如：旺铺资格，每月收费 30 元；消费者保障计划，需提交 1000 元保证金，退订服务可以全额退款；图片空间，旺铺用户可以免费获得 30M 的图片空间，一个商品可以上传最多 10 个大图，其他用户按照 10MB=1 元 / 月标准购买 30MB、50MB、100MB、300MB、500MB、1GB 六种流量包；淘宝直通车，卖家自行设置竞价词、竞价金额，竞价词和类目竞价最低 0.1 元，可设置日消费上限，按照点击率收费；钻石展位，为有更高推广需求的卖家量身定制的产品，采取竞价排序，按照展现点击量计费；等等。

（二）平台与平台之间规定竞争规则和处罚标准

电商平台之间的竞争就像店铺之间的竞争一样，都是对空间展现机会的竞争，最终是为了在众多电商平台中脱颖而出，让消费者倾向于此，甚至形成平时浏览的习惯。正是基于平台之间的竞争，各个电商平台都会制定有相应的电商平台规则和处罚标准，用于平台管理以及维护平台利益。各个电商平台制定平台规则和处罚标准根据《中华人民共和国电子商务法》《中华人民共和国网络安全法》《中华人民共和国消费者权益保护法》《网络交易管理办法》等国家法律法规及相关规范性文件

（以下简称"法律规定"）来完成，这些法律法规规定了电商平台生态体系各方的法定权利义务。对于平台规则尚无规定的，根据法律法规和相关协议处理。

（三）电商与客户之间规定交易规则和奖惩标准

电商平台制定有相对较为完善的平台管理规则，例如禁止店铺与客户进行线下交易，平台内所有店铺货物销售必须走公司流程，所有销售收入必须转入公司指定账户，严禁其他途径销售产品或将货款打入其他账户，违反平台规定则会受到相应的惩罚。此外，店铺与客户在商品交易过程中，难免会出现退货退款、差评和投诉等现象，这些都需要平台进行相关处理。

三、秩序维系：从线上到线下的影响

平台与用户之间经历了一个利益逐步固化的过程。平台作为线上交易市场，需要提供交易空间和规则，并收取用户在平台的使用费。这个费用包括固定的基础费和协商的利益分成，但随着平台依赖度加深，分成内容和比例也逐渐固化。用户只有通过平台获取一定的利益，而平台则通过为用户提供了一个虚拟的网络交易市场并促使其商品达成交易而从中获取相关的利益。随着平台规模的不断发展壮大，其追求利益最大化的行为越来越明显。从为用户提供基础服务到强化增值服务可以看出，因为对平台来讲，从基础服务中获利较少，而在增值服务中才能获取更多的利益。在平台利益的驱动下，首先会考虑自己的收益，其次才会考虑用户的收益，也就由此导致了彼此之间的利益从分成内容到分成比例的转化，而在转化过程中，所有平台规则内容均由平台制定，用户则无权参与平台规则内容的制定。从某种意义上讲，平台与用户之间利益固化，有利于维系平台发展秩序。

在汉塘村，大户与小户之间利益也逐渐固化，小户生产苗木卖给大户，利润相对固定，大户从中赚钱的差价也趋于固定。大户相对小户来讲，其经营电商平台能力比小户强，大户对电商经营比较有经验、有技术、有资本、有团队，敢于做大做强，专注发展电商，也有经营一定的苗木生产基地；而对于小户，由于

经营电商平台成本越来越高，有的小户资本相对有限，加上运营电商效果不是很好，产品卖不出去，收益较低，从而专注于线下生产。大户在线上接到大批量订单，其基地苗木不够供应时，就会联系小户调货。在这一过程中，就会涉及苗木价格问题，双方通过协商交流，最终达成一致。由于大户和小户之间各有所需，形成互补关系，彼此之间利益相对固化，有利于维系双方的生产秩序。

小结：数据霸权、资本权力与利益分配

电商平台凭借其数据、资本和技术优势掌握了制定和更改平台规则的权力，其通过门槛低、投资小，吸引店铺的入驻。前期主要是通过投入资金、进行宣传、利润比例分成时更多让利给商家与消费者等手段集聚人气和流量。中期通过集聚一定的人气和流量后，降低电商准入门槛，制定相关平台规则，使各店铺依赖其才能更好生存和发展。随着平台交易额度的不断提升，商家、消费者对平台的依赖性也在攀升，各种纠纷处理、数据核算等运营成本不断增加。平台为了保证交易顺利进行和减少纠纷投诉，会更加强调在线交易与支付的规则，如向卖家收取保证金、对简单纠纷进行优先赔付等，形成一种对于用户的市场霸权。这种霸权是基于用户的平台依赖性和平台本身的数据垄断性，用户想要了解自身店铺排名、成交额、投诉数量等经营状况，都需要向平台购买。平台利用其数据独占性，将数据资源转化成经营资本，获取平台服务的超额利润，并通过数据霸权、资本权力和利益分配等方式实现对店铺的管理、支配和监管。

在未来电商经济的发展中，国家及相关政府部门应该加强对各电商平台的监管，规范其运营推广规则，使电商平台真正为用户谋利益，促进用户发展，从而实现双赢。平台与用户应往"美美与共"的方向发展，好的平台以用户为核心、把用户当朋友、尊重用户的主体性，这是"以人为本"理念的一种体现。理想的电商平台与用户的关系应是一种"高黏性、彼此依赖、深度互助，长期相处"更加日常与正常的关系。

第六章

产业分工、关系拓展与专业市场
体系形成

汉塘村的发展离不开其农业产业化的支持，这一实现机制的关键在于通过专业市场的建构，组织农民形成有竞争力的特色产业。汉塘村在经历初期的探索后，充分抓住电商平台发展的历史机遇，通过高度细分的产业分工与苗木产业产销关系的进一步拓展，形成较为完整的专业市场体系，从而促进了当地苗木电商产业的蓬勃发展。本章基于汉塘村苗木电商专业市场体系的发展历程，探讨以农户家庭经营为主导的传统苗木产业，如何通过民间精英、村级组织、地方政府等多层级主体的合力与分工，建构苗木电商专业市场体系，及其发挥的经济社会效应。

第一节 产业发展与专业市场

所谓专业市场体系，就是村落社区立足其自身资源优势，通过资本力量对其特定资源进行产业化重组与开发，将社区人才、技术、产品等发展要素整合进产业链流程，使社区与城市市场围绕特定产品有机衔接起来，从而在城乡之间形成一个以市场交易原则为基础，基于特定产品的生产、分配、交换、消费等诸环节于一体的专业化流通体系。[①] 专业市场体系是在产业规模与分工基础之上形成的，集中交易某一类商品或者具有较强互补性或替代性商品的市场。产业的可持续发展需要专业市场体系作为基础和支持。

一、产业规模效应是专业市场的前提

农村产业发展专业市场的前提条件在于产业的规模效应，即实现相关产业在空间上的聚集。在农村产业的发展过程中，能够形成一定的规模，对参与其中的农户而言往往意味着相对较高的经济收益。汉塘村能够形成苗木产业的专业市场，立足于当地三十多年的果苗种植历史。改革开放后，由于果苗种植的利润相对粮食作物较有优势，汉塘村很多农户家庭在种植粮食作物之外，都会种一部分果苗作为副业收入，因此当地人家都掌握基本的果苗种植知识，为形成规模效应打下基础。

苗木产业作为当地的一种产业传统，其扩大规模的过程也是农户间共享生产资料、生产知识的过程，农户间以血缘、地缘关系为纽带的资源共享为苗木产业发展创造了有利土壤。例如，果苗种植在生产环节的主要风险在于病虫害，而病虫害的系统防治具有一定的农业知识门槛，因此汉塘村传统苗木种植过程中的病虫害防治比较依赖农户间防治经验与农药及器具的日常分享。这种生产资料、知识的传递与共享，能够有效降低村民果苗种植的生产成本与抵抗风险能力。同时，汉塘村在果苗种植过程中对农药、化肥等生产资料需求量较大，因此通常会由几家协商统一购买，以较大的交易数额获得更强的议价能力，也进一步降低了生产成本。传统市场体系下，苗木销售主要依赖摩托车散拉的方式，小批量地运到镇上的集市散卖或者以客车托运的方式远卖到广东，在此过程中运输成本较高，因此通常也是几家农户合作共同承担一批货物的运输费用，降低单位家庭的运输成本。这些举措使汉塘村的果苗生产在其产业规模扩大的过程中具备成本优势。

---

① 方坤、杨美勤：《农村文化资源传承创新的专业市场体系构建研究》，《云南民族大学学报（哲学社会科学版）》2019 年第 5 期。

此外，由于汉塘村的苗木产业作为在空间上聚集的整体，苗农能够基于血缘与地缘关系对苗木的市场价格达成共识，因此在附近乡镇的苗木市场中得以借助规模效应形成一定的垄断地位，取得定价的主动权。可见，正是在足够的市场规模支撑下，汉塘村的苗木产业才能够不断发展，形成建构专业化市场体系的前提条件。

二、产业纵向分工是专业市场的基础

单纯强调规模效应，并不足以形成专业市场体系。盲目扩大产业规模，反而会导致规模不经济效应，即由于各经营主体间的业务重叠，容易形成恶性竞争，造成资源浪费与收益降低。专业市场体系的"专业"在于产业分工基础上发展出来的各流程、环节的专业化。因此在汉塘村的苗木产业发展过程中，产业的纵向分工是其建构专业市场的基础。以苗木产业为整体，大体可分为种植、包装、销售、物流等环节。由于苗木产业技术含量相对较少，准入门槛低，在以获利为导向的市场经济中，越来越多的农户家庭得以参与到果苗种植产业中。农户根据自身家庭劳动力状况与资金能力，选择参与不同的产业环节，从而实现苗木产业纵向发展的差异化。

现代产业的可持续发展离不开其各个环节间的有效衔接、彼此支撑。因此产业纵向分工的基本要义，在于从生产到销售的全流程的精细化、专业化分工。例如，仅在种植环节就包括育苗、修冠、移植、上肥与剪修等多个步骤，其中不同步骤对劳动力的需求有所差异，因此果苗种植也有忙闲季节之分。每当农忙季节劳动力需求量较大，而农户的家庭劳动力不足以满足生产需求时，传统果苗种植只能依赖基于血缘、地缘关系的互助，但易误农时。而随着汉塘村苗木产业的发展，一些种植规模较小的农户能够作为果苗工人适时提供相关步骤的服务，以此获得额外的劳动收入，同时也缓解农户的燃眉之急。同样针对果苗病虫害的防治，也出现了专业化的防治团队，为农户的果苗种植降低风险，实现危害控制。在销售环节，当地形成职业的苗木经纪人，负责协助联络买家、中介议价、对接双方市场。在包装环节，由于打包方式对果苗的成活率影响较大，形成了专业的果苗包装工人，既提高了果苗运输过程中的成活率，也节省了果苗种植农户的生产时间；在运输环节，当地成立了多家物流公司，与大型物流公司间形成结构互补，填补乡镇间中短途运输的空白，并提供不同路线、不同平台的物流运输服务，打通并扩展了汉塘村果苗的运输的"最后一公里"。由此，不同群体能够围绕果苗种植这一产业链形成一种有机联系。

三、交易规则是专业市场的保障

基于规模效应及产业纵向分工所形成的专业市场，其良性运行依赖于特定的交易规则的保障。只有在有效的交易规则指导下，才能为专业市场中不同主体的竞争与合作划分赛道，充分保障农村产业稳定发展，维护农户利益，避免造成恶性竞争与市场失序。

地方专业市场的交易规则的形成往往基于两方面因素：一是产业特点，不同的产业特点决定其形成的交易规则也有所不同；二是产业结构，交易规则的形成基于经营主体间互动所形成的惯习与路径。汉塘村的苗木种植产业发展最关键的环节在于销售，传统市场体系下只能通过摩托车散拉的方式，小批量地运到镇上的集市散卖或者以客车托运的方式远卖到广东进行销售。在此过程中前者由于就近交易，所以往往是一手交钱一手交货，以现金的方式进行交易，但竞争较大，所以收益较低；而后者往往在完成交易后，以汇款的方式结算，由于苗木运输的时效性，且距离远、批量大，所以承担了一定风险，因此只能选择熟悉的客商进行交易。两种交易方式都限制了苗木产业的发展范围，也限制了农户的收入水平，并伴有一定的风险。

而随着电商平台的发展与苗木专业市场体系的建立，交易规则发生了转变。汉塘村大宗苗木批发主要采取线上联系、线下购买形式进行交易；小户零售则依照网络平台规则进行线上付款、线下发货形式交易，由于电商平台的介入，苗木交易更具便捷性和安全性，可见交易规则的确立与执行需要涉及第三方的监督与保障，第三方平台的存在能够对当前市场运行的稳定与有序提供必要的服务。因此，建立一定的规则是维持专业市场稳定运行的关键与保障。

第二节　汉塘村苗木产业发展与周边市场结构变迁

随着汉塘村苗木电商产业的蓬勃发展，当地原有的市场层级结构发生了一定改变，突破传统的基层集镇、中间集镇、中心集镇的三级"集市体系"，逐渐形成了一个以汉塘村为核心产区的苗木交易专业市场体系。

一、电商发展前的传统市场体系

施坚雅基于其 1949—1950 年在四川成都郊区集市的田野调查，结合地理学的空间概念与层级概念，进一步发展了杨庆堃的集市理论体系，提出了基层集镇、中间集镇、中心集镇三层"集市体系"模型。[①] 在电商产业发展前的传统市场体系下，汉塘村周边传统的市场体系符合施坚雅所描述的三级"集市体系"划分，汉塘村是武利镇下辖的基层集市之一，苗木市场只是当地传统农产品市场的组成部分。从牛栏篰岭至镇武岭，沿着丘陵谷地依次分布着教塘、汉塘、明山、新亮 4 个行政村，由于汉塘村的黄帝凸刚好位于这一线的地理中心，汉塘村得以成为周边各村的基层集镇。武利镇武利社区则是汉塘村等基层集市物产的主要集中地，也是连接县城的中心集镇与汉塘村这样的基层集镇的中间集镇。而距武利镇 35 公里外的灵山县城的三海街道办则是全县主要农产品批发市场，也是全县农村集市物产销往外地的集散地与中转站。这三层集镇共同构成了电商发展前汉塘村苗木产业所生存的传统市场体系，但这并不意味着汉塘村的苗木产业仅仅被局限于市场所从属的行政区域内。

正如施坚雅的"基层市场共同体"理论所认为的："农民的实际社会区域不

---

① 施坚雅：《中国农村的市场和社会结构》，史建云、徐秀丽译，中国社会科学出版社，1998。

是由他所住村庄的狭窄的范围确定，而是由他的基层市场区域的边界确定。"① 其中的"边界"不仅是指经济意义上的边界，也是农民的社会交往与文化生活的边界。武利镇的传统生计方式虽然以农业为主，但其手工业也较为发达。历史上周边文利镇、伯劳镇、那隆镇、檀圩镇以及浦北县的白石水镇、北通镇这些地区一直以武利镇为商业中心。因此对于灵山县各个乡镇的农户而言，尽管每个乡镇均有自己的集市，村民一般也都会去本村所属的乡镇集市赶集，但这并不意味着其生活与文化的边界止步于所属乡镇。在满足较大宗的商品消费需求，如购置家具、房产时，更倾向于选择武利镇作为消费的目的地。因此作为汉塘村的上级集镇，武利镇对周边的辐射能力也为汉塘村的苗木销售提供了较好的便利条件。传统市场体系下，汉塘村的苗木销售主要通过摩托车散拉的方式，小批量地运到镇上的集市散卖。这一阶段虽然汉塘村苗木产业发展较为缓慢，零售的方式带给农户的收益也极为有限，但也逐渐确立了汉塘村作为武利镇集市体系内苗木原产地的地位，也借由武利镇的周边辐射能力，在周边县区、乡镇形成了知名度。

二、电商发展后的专业市场体系

随着电商平台的发展，汉塘村的苗木产业寻找到了新的契机，通过产业规模的不断扩大与产业纵向分工的日渐精细化、专业化，汉塘村依托电商平台发展出了以当地为中心的苗木产业专业市场体系。这一体系不再局限于以行政区域划分的地方传统市场体系，而是直接与外地客商建立联系，突破了农户所生活的"基层市场区域的边界"，与社会网络形成相互交织，但不完全重合的状态。由此呈现出电商苗木产业在专业市场体系影响下的社会结构特征。

（一）以汉塘村为中心辐射全国的跨地域苗木市场体系

传统市场体系与行政区划高度重合，农村提供源源不断的初级产品的流通经

---

① 施坚雅：《中国农村的市场和社会结构》，史建云、徐秀丽译，中国社会科学出版社，1998。

由各层级市场逐层转递，城乡商品流通呈现出的明确的层级结构，农村成为城市间现代市场体系的原材料供应者，以上级城市为中心，通过不断输出农业产品、劳动力服务于城市化发展。而汉塘村的苗木产业由于电商平台的扁平化结构，得以突破传统市场体系的层级限制，以汉塘村为中心将产品辐射全国，形成跨地域的产业流通。

（二）市场体系的领导者是少数批发商

传统基层市场中，乡绅往往由于兼具政治身份与经济身份，能够较大影响传统市场体系中城乡商品的流通，从而巩固自身在传统市场体系中的领导者地位。而在汉塘村电商发展后所形成的专业市场体系中，情况与传统基层市场有所不同，在专业市场体系中最关键的环节在于产品的销售，堪称"惊险的一跃"。因此处于市场体系最基层的是以家庭为单位进行生产的农户，而领导者则是有能力通过互联网平台连接外地客商的少数批发商，把握着最为关键的销售渠道，这些批发商既有本地人也有外地人，决定了汉塘村苗木生产的种类与发展方向，处于不同环节的农户通过批发商形成有机连接，共同支撑当地苗木产业的发展。

（三）市场网络与社会网络交织但不重合

传统的农村市场体系中市场网络与农户基于血缘与地缘关系形成的社会网络高度重合，市场网络的边界也往往就是其中参与者社会网络的边界。但随着互联网电商平台的出现，社会关系能够实现跨地域扩展，纯粹的业缘关系成为连接市场网络的主线，来自于外地的客商虽然并不在当地的传统社会网络中，但却成为当地产业市场网络中较为活跃的主体。

（四）市场共同体兼具内聚性与外向性

内聚性是传统市场体系封闭性延续的产物，主要体现在苗木产业内部的紧密合作。在传统市场体系以家庭为单位的生产作坊中，农户往往身兼生产与销售的职能，既要种植果苗，同时也负责将自己的苗木运输出去，联系买家进行销售，更强调农户家庭的独立经营。而随着参与苗木产业的人越来越多，有更多的人专事生产或精于联系销售渠道，虽然生产与销售分化为两个独立的环节，但对其他环节的协作依赖性增强，反而巩固了农户基于血缘与地缘的社会关系。即使在生产环节内部，这种分工协作的趋势也是越来越强。从选苗、育苗、修冠、移植、上肥到剪修，每个环节都需要家庭劳动力间的紧密配合、分工协作加强了劳动者之间的内聚性。外向性是电商发展的必然趋势，主要体现在汉塘村苗木市场不断扩大的市场边界与覆盖范围。汉塘村的苗木市场崛起，使得这一村落成为区域性专业市场的中心。该村在 S326 国道旁边北侧的安金村和南侧的望坪村、后背村租地进行苗木生产，并建立起苗木批发市场，将批发市场从灵山县转移至汉塘村，可见汉塘村提供的苗木种类及供货规模足以支撑起一个市场运行。而现在随着电商平台的越来越普及，汉塘村的苗木产业实现了对传统市场边界与社会边界的双重跨越。汉塘村成为国际苗木市场密不可分的一个组成部分，产品畅销贵州、云南、四川等地及越南、泰国、缅甸、甚至黎巴嫩及南美洲部分地区。

第三节　产业分工：专业市场形成的基础与动力

汉塘村能够成为区域性苗木专业市场，得益于以家庭生产为基础的和以民间精英、村级组织、地方政府多层级主体有机合作为动力的产业分工，促进了苗木生产和销售的专业化发展，将汉塘村从原本的基层市场，逐渐升级形成片区市场甚至区域市场。

一、基础：农户主导的产业生产与村落分工

汉塘村是一个位于灵山县南部的中等规模村落，距武利集镇 10 公里，全村共 1051 户 4809 人。村民主要收入来源以种植业为主，多年来形成了以各种果苗培育产销一条龙的产业体系，主要种植、销售各种"名、特、优、稀"果苗及绿化苗木，成为远近闻名的"灵山农村电商第一村"，也是销路覆盖全国的苗木产

业专业市场。全村现有可耕用的土地面积 2899 亩,包括水田面积 1806 亩、旱地 1093 亩,其中通过"公司 + 农户 + 电商"经营方式,培育苗圃多达 1000 余亩,直接带动该村及周边村民 1000 余户参与种植销售,扩展周边村种植 3000 余亩。种植品种涵盖芒果类、荔枝类、龙眼类、番石榴类、牛油果、柠檬类、果桑类、绿化苗木等 300 余个品种苗木。

(一)专业市场中的分工及其农户主导的市场特征

苗木产业主要可分为种植、销售、包装、物流四个环节,其中每个环节还可以进一步细分。这四个环节的共同特征在于技术含量低、准入门槛低、雇佣成本低,因此农户比较容易进入该产业。农户能够根据家庭劳动力配置和资金量选择相匹配的产业环节,并且逐步在地域范围内围绕产业链上下游形成专业分工。

种植环节的参与者可以分为大户和小户两种基本主体。其中,大户以种植基地形式实现规模化生产,实行企业注册模式,聘用员工对基地进行日常管理与经营。而小户即小型家庭农场,以家庭为单位,依托家庭的自耕土地,或租种部分土地,种植规模相对较小,通常仅依靠家庭劳动力,以减少雇工,节约成本。种植收入以白蜡为例:幼苗成本 6.5 元 / 棵,按照 2.5 米 ×3 米或 3 米 ×3.5 米的株行距,每亩定植 88 株算,土地成本约 600 元 / 亩,五年苗浇水、施肥共计 1500 元左右,五年间种植成本共计 2600 元左右,成熟后 10 公分苗 310 元 / 株、5 公分苗 33 元 / 株,一亩约能收入 8100 元,除去成本后纯利润约为 5500 元 / 亩。

包装环节包括从苗圃取苗、装杯、剪枝、封装入库。其中成本主要集中在材料费用与人工费用两部分。随着汉塘村苗木产业的规模化发展与纵向分工,专业化市场中相关产业在空间上的高度聚集使材料费用得以大幅降低,"公司 + 农户 + 电商"的模式使得农户具备更强的议价能力。同时产业分工的精细化,推动当地一些原本以农业收入为生的农户家庭脱离生产与环节,专事包装,也能够提供提供较为规范的包装服务。

销售环节主要分为线上和线下两种方式。线上主要是依托电商平台作为中介，精准对接客户需求，实现下单交易；而线下则主要依赖批发商的定期上门收购与市场固定摊位的兜售、批发，通过现金进行交易。而在销售规模方面，大户与小户的销售模式也存在差别：大宗苗木批发通常采取线上联系、线下购买形式进行交易；小户零售则依照网络平台规则进行线上付款、线下发货形式交易。虽然在销售环节具处于主导地位的往往是大宗批发商和职业的苗木经纪人，但汉塘村约 60% 的农户在参与种植环节之余，也对自家果苗进行销售。

物流环节主要分为上门物流和自行运输两种方式。发货价格主要是由村中大户集体与武利镇快递点承包老板商定，基本上每天下午四点左右固定会有卡车到汉塘村装果苗。而其中另有批量发货需求的农户，则需要租赁货车自行运送到客户手中。最初不从事苗木相关产业的农户也逐渐被吸纳其中，在汉塘村就有 8 户专门从事物流的农户，以夫妻搭档为主，购置货车专门服务于本地短距离大宗苗木运输。

此外，还有越来越多原本不从事苗木相关产业的农户及周边乡镇群众也被吸引参与其他配套环节，如餐饮、百货零售、电信、电力、信贷等行业为当地苗木产业服务，从而不断完善、扩展苗木产业的上下游链条。

（二）农户家庭经营的优势

汉塘村以家庭经营为基础的苗木产业具有四方面的优势：一是能够降低劳动力使用成本，家庭的生存与发展目标是所有家庭成员所共享的，因此在家庭中可通过极低的成本实现家庭成员最大限度的自我剥削，服务于家庭的生存与发展目标；二是可以降低使用生产要素的成本，农户直接以家庭居住的房屋作为经营场所，减少了房租、场地等费用；基于血缘、地缘关系的社会网络间生产资料的共享能够最大程度降低生产资料的采购成本，电商避免了固定销售门店的成本负担；三是能够降低经营主体内部交易成本，由于以家庭为单位进行生产，家庭成员之间的合力、信任能够极大降低沟通成本，从而劳动的监督成本较低；四是有利于社会网络和专业知识的传承，在农户家庭经营的过程中，苗木的种植技术以及销售技术、社会网络渠道是形成其市场竞争力的核心要素，而对家庭内部成员而言，这些社会网络与专业知识是家庭成员所共享的内部资源，因此可以得到有效的传承与接续。

可见家庭经营的低成本特征与苗木产业各环节技术含量低、准入门槛低、雇佣成本低等特征相吻合。因而单个家庭容易进入产业环节，以家庭为单位的经营主体在地域范围内通过地缘、血缘关系扩散经营模式，即使站在同一个产业环节中也难以互相排斥，自然发展成为具有集群效应的规模产业，实现产业繁荣。

二、动力：多层级主体的合力与分工

汉塘村苗木专业市场体系的发展动力来自于以民间精英、村级组织及地方政府为代表的多层级主体间协同合作形成的合力与分工，在推进汉塘村苗木产业发展的过程中，不同主体充分发挥自身优势，建构起以汉塘村为中心的基层市场、片区市场以及区域市场。

（一）精英领头自发形成基层市场

农村产业的发展过程往往是一批人先进入产业获得一定的收益，然后通过血缘与地缘关系吸引更多人涌入，形成规模效应，在此基础上逐渐形成产业纵向的精细化分工，形成完整的产业链条。其中最先进入的人起到了领头带路的作用，这些人率先掌握相关知识从而掌握其所从事领域的话语权成为产业中的民间精英。汉塘村虽然已有三十余年的果苗种植历史，但一直受限于技术与销路，无法扩大规模，获利有限，因此一直不温不火。民众通过果苗种植仅能维持生计，无法实现更高层次的发展需求。但在民间精英的积极探索下，电商平台进入当地产业的发展视野，并成为汉塘村苗木产业发展的契机。2008 年，HZW 尝试通过电商平台销售苗木取得了不错的经济效益，这为汉塘村苗木产业寻找到了新的发展方向，也为产业发展提供了新的发展思路。2008—2011 年，在电商平台带来的巨大利益驱动下，本地苗木电商初步兴起，"阿里巴巴""淘宝"平台均有汉塘村农户的身影。由于市场需求大，而当时能够掌握电商经营能力与意识的农户有限，因此竞争较小。当地苗木电商处于野蛮生长、自生秩序的状态，能够涉及相关领域提供监管的职能部门非常有限，主要是工商、税收等部门管理个体注册与负责税收。

案例 6-1

高中毕业后，HZW 曾跟村里人到广东打工，在看到电商平台的迅速发展后，他思考"人家能在网上卖衣服，我为什么不能在网上卖果苗？"于是决定返乡创业。2007 年，HZW 在一间 5 平方米的瓦房内用一台电脑、一台打印机开始在网上销售汉塘村的苗木，并每天挨家挨户到村里及周边村子的果苗农户家中，记录果苗种植面积和产量，并给果苗拍照上传信息。但一开始，这种果苗生意并不被买家所认可。买家担心花果树苗会因为包装、运输等问题枯死在路上，因此销量寥寥。而在 2007 年末，他接到来自重庆的一笔 120 万元的大额订单，从而积累了"第一桶金"。2009 年，HZW 开始自行研究、培育各种果苗，并创办了"永发果苗种植场"，后其通过采用"公司＋农户"的经营模式带领村里的农户发展苗木繁育和销售，与村民分享育苗技术和网络销售知识。在他的带动下，汉塘村成为附近乡镇的果苗专业村。

（二）村级组织统筹建设片区市场

2012—2016 年，越来越多的农户相继加入电商平台。随着"淘宝"上苗木产业竞争的日益加剧，更多的农户转战"京东""惠农网""一亩田""拼多多"等网络平台。虽然苗木电商产业发展的最初是农户的自主行为，但是当发展到一定规模后，只有借助集体的力量才能供给单家独户无法提供的公共品，并创造稳定的公共秩序。在此过程中，村集体既面临村民产业发展需求的压力，也面临上级乡镇政府分配的发展指标的压力，由此成为村级组织统筹建设片区市场的动力。其对片区市场的建设主要体现在四个方面。

1. 改善交通与基础设施建设

果苗需要通过道路运输才能连接原产地与市场，而 2010 年前，汉塘村仅主干道覆盖了水泥道路，其他支路多为砂砾路或土路，道路条件的不便直接制约了苗木产业运输环节的效率。汉塘村委先后筹集资金 200 余万元，对全村 18 公里道路实现了混凝土硬化，从而解决了汉塘村的道路问题。此外还建设网络、用电等基础设施，引导快递、金融服务进村，为汉塘村苗木产业发展提供了有力的基础设施支撑。

2. 维护公共秩序

在产业发展过程中，汉塘村委组织不断自我规范，组织开展软弱涣散村党组织整顿，设置了专职坐班人员，以随时服务农户的生产生活需求，维护了汉塘村生产生活的公共秩序。2016 年至今，随着苗木电商市场的发育成熟，其内部竞争也在逐渐加剧。在此前提下村委向乡镇申请指导成立水果苗木电商协会，要求农户对自身经营行为进行自律。同时由于产业发展对土地的需求增加，村中人地关系的矛盾、纠纷加剧。村委组织农户厘清土地产权，进一步规范村内土地使用行为，并积极联系工商部门对农户网上交易产生的纠纷进行调解、处理，从而规范汉塘村的苗木产业经营行为，使村内生产生活秩序得到稳定。

3. 给予村民经营培训与生产指导

面对越来越多进入苗木电商产业的农户，村级组织为农户提供更为细致的引导与培训服务。汉塘村委不仅积极帮助农户完成注册个体工商户等相关手续，而且为农户提供电商运营培训指导，帮助农户及时了解市场动态与更为科学的种植技术，以提高苗木质量。汉塘村委每年举办两期以上的果苗电商培训班，邀请市、县级农业专家为本村和周边村的贫困户和其他农户开展果苗技术培育和电商运营技术培训，建设了农村党员远程教育网络，受益人数达 1600 余人次。

4. 以共享互助合作增进村内的凝聚力

汉塘村委投入资金 60 余万元，建成占地 2000 余平方米，集群众健身、休闲、党建宣传、村务公开为一体的综合性文体活动中心与村级文化活动室，通过提供能够满足农户沟通、娱乐需求场地基础设施，能够促进农户间信息、资源的共享与合作。村内成立的专业打工队，为经营大户提供生产环节的田间管理等劳务服务，以合作促进村内生产要素的充分分配。村内还成立广场舞团队，以娱乐的方式增进村民之间的交流与互动。此外在苗木生产大户的主导下成立了宗族理事会，不仅可以共享苗木产业资源，也通过祭祖、奖掖后学等宗族互助活动的形式增进了村内凝聚力。

（三）地方政府投入建设区域市场

在汉塘村苗木产业发展的过程中，各级地方政府对当地苗木产业予以有力支持，使汉塘村苗木电商产业实现了从片区市场到区域市场的跨越，产业链条进一步延长，市场边界进一步扩大，形成以汉塘村为产地中心的区域性苗木电商市场，主要体现在各级政府在汉塘村及周边建设产业园区，引进十余家大型相关企业，增强当地苗木产业活力，从政策层面给予苗木产业发展创造便利条件。

1. 将交易市场建设作为整体项目，国家财政投资建设

2015年，为解决农户各自为战的弊端，武利镇在汉塘村挂牌成立了"电商超市"，用于电商培训、购物、销售等，组织农户共享信息，合力解决发展难题。2016商务部公布电子商务进农村综合示范县名单，灵山县名列其中。在2016—2018年的示范期内，灵山县获得2000万元扶持资金用于建立完善县、乡、村三级物流配送机制，支持县域电子商务公共服务中心和村级电子商务服务站点建设改造，支持农村电子商务培训等重点领域，以帮助农民拓展市场，增加收入、扩大农村消费。2016年灵山县在武利镇钦浦二级公路旁建设灵山县瑞基置业·珀逸雅苑电商城，并于2017年4月18日正式启动"武利镇电商城"。随着汉塘村苗木电商产业的进一步扩大，在安金村委附近建设灵山县武利花木基地，建设成为200余亩的示范基地，并建立电商销售中心。2021年，在钦州市政府公布的十四五规划中，武利镇被计划打造为县域副中心，汉塘村的苗木产业

通过武利镇进一步带动灵山县伯劳镇、浦北县北镇、白石水镇等周边镇的发展。

2. 为农户提供财政资金支持和金融服务，有利于扩大经营规模，提高资金流通效率

武利镇在汉塘村的驻村工作组先后三次开展小额信贷优惠政策宣传，鼓励村中建档立卡贫困户申请小额信贷发展产业或创业，2020 年帮助有需求的符合条件的两户建档立卡贫困户成功申请小额信贷资金 6 万元。在镇扶贫办、工作分队的组织下，汉塘村先后三次组织开展贫困户及边缘户产业奖补验收申报工作，共为建档立卡贫困户 10 户、边缘户 1 户，申请产业奖补资金 3.3 万元。

3. 对农户进行资质管理和质量抽检

苗木产业的发展事关农业安全，因此国家对苗木产业有相关规范，要求从业者办理《林木种子经营许可证》《林木种子生产许可证》，并通过相应资格考试。村委邀请了南宁职业技术学院的老师来给村里 100 余农户集中上课，最后有 50 人顺利通过考试，拿到了资格证书。此外工商部门与农业部门会不定期前往汉塘村对市场中的苗木进行随机抽检，以保证苗木质量。

第四节　关系拓展：电商导引下苗木专业市场的发展

一、提供客源和市场

汉塘村的苗木专业市场体系是在水果种植业兴起之后，借助网络电商发展起来的，电商平台为苗木市场的进一步发展提供了客源和市场。一个成熟市场的成长必须依赖稳定的销售渠道，提供强有力的需求。2000 年前后，随着国内水果消费市场的繁荣，广西作为国内主要水果原产地之一，水果种植业逐渐兴起。汉塘村原本就有种植果苗的产业传统，随即逐渐扩大规模，多销售于周边乡镇的果农，虽然也有向广东销售的渠道，但规模有限。2007 年，HZW 尝试通过网络平台销售果苗，使电商平台第一次进入当地农户的视野。2010—2015 年，电商平台为当地苗木产业扩展了渠道，打开了市场。同时使产业在横向上扩展了同行业

间的联系与互动，不仅远赴海南种植基地购买苗木，汉塘村多次组织村内种植大户与电商大户向宿迁沭阳学习电商销售经验，并向云南红河、西双版纳和四川、贵州等地派遣销售团队。2020 年随着疫情的爆发，其他产业的萧条并未影响到汉塘村苗木产业的发展。线上交易的繁荣反而推动电商平台为汉塘村苗木产业提供了更多的客源与市场，目前汉塘村的苗木产业在"淘宝""京东"等各个网络平台设立销售店达 2000 余家，形成从业人员近 760 人，产品远销贵州、云南、四川等地及越南、泰国、韩国、南美、黎巴嫩等国家及地区。

二、节约搜寻成本与交易成本

传统市场体系下，苗木产业的销售依赖农户自身的社会关系，基于"熟人社会"的社交边界与社交方式不仅制约了农户销售渠道的扩展，也会产生维持老客户的社交成本与寻找新客户的搜寻成本，进而降低利润，限制了农户进一步发展的空间。而电商平台的大数据推送与即时性沟通服务使商家与消费者间能够进行精准对接，只要保证网店的数据流与点击率，就可以通过电商平台的大数据推送，将商家与客户进行精准匹配，使汉塘村苗木产业能够直接联系客户，不仅提高了成交率，同时也省去了农户维持渠道的社交成本与寻找潜在客户的搜寻成本。

在交易方式方面，传统的线下交易中农户需要接待客户，带客户实际下地看苗，产生了一系列的交易成本，而且在交易过程中存在对方支付不及时或赊账不还的风险，有可能导致农户资金周转紧张甚至资金链断裂。而现在由电商平台作为信用媒介，货款能够通过在线交易方式避免信用风险，并且客户直接从电商的网页上就可以了解到苗木的详细信息，如果货到不满意也能及时退货取消交易，能够有效节约交易成本降低交易风险。

三、建构货源地形象

汉塘村电商苗木产业的迅速发展，使汉塘村逐渐成为周边村落发展的领头羊。借助当前国家实施精准扶贫与乡村振兴战略的政策机遇，在灵山县政府的领导下，汉塘村村委与 HZW 等电商大户积极沟通，协同建构出"灵山电商第一村"的苗木货源地形象，从而进一步扩大了汉塘村苗木产业的知名度。在政府部门的大力宣传下，汉塘村作为周边乡镇农村产业化发展的"标杆村"，得到更大范围的宣传。政府的扶持与鼓励，使"灵山电商第一村"这一品牌再强化，从而成为汉塘村苗木产业打开市场的关键因素。电商的大数据推送服务放大了汉塘村苗木产业的品牌效应。在"灵山县电商第一村"的形象得到建立的过程中，其影响力也越来越大。近年来，汉塘村经常组织接待来自全国各地慕名而来的客商与参观学习者，村民的创业故事甚至吸引了好莱坞著名导演克里斯蒂·里比（Chris D. Nebe）的关注，专程率队前来拍摄纪录片。

四、强化基础设施与附加服务

电商苗木产业的发展离不开基础设施的配合。在汉塘村发展电商苗木产业的过程中，村中的基础设施得到进一步完善，不仅路面得到硬化，家家通自来水，而且实现全村宽带的全覆盖，村民在当地政府及各地客商的帮助下采购、获赠了数批家用电脑、服务器、摄像机、无人机以及直播设备。这些基础设施的完善与强化为汉塘村苗木电商市场的持续发展提供了必要的硬件条件。

为村中电商苗木产业的发展提供有效服务，汉塘村委先后投入 60 余万元建成了 2000 余平方米的综合性文体活动中心。这一中心既可作为农户直播销售的场所，也为农户提供了交流、分享生产种植与电商运营经验的空间，同时也成为汉塘村民众健身、休闲以及进行基层党建、村务公开的场所；农村党员远程教育网络的建设也为农户学习生产经营知识提供了窗口，帮助村委及党员农户更好发挥模范带头作用服务汉塘村群众。

此外，通过电商平台的普及也让农户能够更为方便地为客户提供苗木种植指导等附加服务、完善服务流程，以做到跟进客户的种植环节，并及时予以帮助或补发苗木，从而实现对已有客户渠道的巩固与对新的客户渠道的拓展。

第五节　专业市场体系的经济社会效应

专业市场体系的形成极大地推动了汉塘村经济水平的提高，同时也深刻地影响着当地的民众生活与社会发展，从农民家庭生活、村庄公共服务到农村产业的发展趋势，都产生了一系列的经济社会效应。

一、吸纳农民就业、维持完整的家庭生活

在家庭层面，专业市场体系的形成改变了当地农户的生计方式，从而形成对当地民众家庭关系的再建构，以通过提供就业机会、提高农民收入稳定家庭结构的方式，帮助当地农户维持完整的家庭生活。

（一）专业市场提供就业机会、促进本地就业

苗木专业市场围绕种植、包装、销售、运输等环节不断完善的上下游产业链，由于其专业化门槛低，资金投入少，为周边民众提供了大量的就业机会。原本当地年轻人倾向于去外地务工，但随着苗木专业市场的日益成熟，对用人需求的增加，使得农户在家乡就能得到不错的经济效益。因此，许多年轻人选择回归家乡就业，甚至一些大学毕业生也看中汉塘村的未来发展前景，选择返乡创业、就业。

案例 6-2

随着汉塘村电商苗木产业的发展，许多年轻人选择返乡就业、创业，QWQ 就是其中的一员。2016 年，毕业后经历短暂就业迷茫的 QWQ，下定决心返乡创业。虽然果苗种植与自己所学专业并不相关，但他还是毫不犹豫地选择了加入果苗培育大军。在"电商达人"HZW 的指导下，他先后开设了 1 个苗木场和 3 家网店，销售芒果、荔枝、香蕉、莲雾、嘉宝果等几十个品种的果苗。截至 2021 年底，其所创立的

公司年交易额达 40 余万元，利润达 20 多万元。他认为电商与苗木产业结合后，自家的果苗更好卖了，自己的生活水平有了显著的变化。可见，正是电商苗木专业市场体系的形成，使汉塘村农民生活水平得到了较大改善，从而吸引了更多的年轻人回到自己的家乡。

（二）增加农民收入、提高生活水平

相较于传统农业生产，电商平台下的苗木产业能够为农户提供更高的家庭收入，从而提高家庭的各方面生活水平。农户不仅有能力改善原本拥挤局促的住房条件，修建宽敞美观的新居，其消费能力也随之提升，农户家庭支出中休闲娱乐方面的消费比例不断增加，农户对娱乐休闲的需求促使村中涌现了许多 KTV、美容院等以往只能去城镇才可以消费的娱乐休闲场所。同时，农户也更有精力与资源投入提升下一代的文化水平，注重对孩子的综合素质培养，鼓励孩子参加各种兴趣班。

（三）稳定家庭结构、和谐家庭关系

电商苗木专业市场体系未形成以前，由于青壮年劳动力外出务工，家中老人在进行农业生产的同时也要帮助照看下一代。这种空心化的家庭结构，使家庭的养育子女与赡养老人的职能难以发挥，家庭关系矛盾重重。市场的发展让青壮年劳动力选择返乡就业的同时也促使家庭结构更加完整，父母在孩子成长中的在场巩固了亲子关系，同时也有利于履行养老义务，形成和谐融洽的家庭关系。

案例 6-3

电商苗木产业发展前，ZXY 和丈夫曾在广东务工，老人和孩子留在老家，每年过年时才能有机会与家人团聚。在看到家乡苗木生意发展起来后，两人决定回老家利用家中的耕地种植果苗。但刚开始时销路很成问题，当时"淘宝"上苗木门店数量已近饱和，两人的网店难以获得竞争优势。后来，ZXY 偶然看到"直播带货"，于是萌生了通过直播销售自家果苗的想法。两人采购了简单的设备，开始尝试。凭借不怕苦的精神和善于沟通的性格，ZXY 获得了成功。ZXY 认为目前的收入比以前外出务工好得多，还能有更多时间照顾老人小孩。

二、完善村庄公共服务、维持村庄社会秩序

（一）避免村落空心化、保证村落功能完整

一直以来，城镇化过程体现为农村人口向城镇的单向流动，造成了农村社会的空心化与劳动力短缺，致使村落功能无法承载农户生产生活需要。汉塘村电商苗木专业化市场体系发展下的农村劳动力回流，形成了逆空心化的趋势。村集体为满足产业的发展需求，不断完善基础公共设施建设，提升公共服务水平。加强了水、电、网等生活基础设施的保障，使村落更具宜居性，从而充分保障村落的居住功能。多元化的就业选择使村落的生产功能也得到了强化。"岭头节"流行于钦州壮、汉民族村寨，是汉塘村为庆祝丰收而举行的节日庆典，节日期间宴请亲朋好友到村中、家里享用美食共同欢庆。这个节日曾经随着村落的空心化而消匿，如今因汉塘村苗木电商产业的迅速发展，岭头节又重新焕发了活力。这些民俗文化的复苏使村落的文化功能也得以恢复。而汉塘村小学的修缮升级以及村中各类兴趣班的发展，也为村落的教育功能的发挥创造了条件。

（二）推动村落组织化、激发村落组织活力

随着汉塘村苗木产业越做越大，汉塘村委不断完善基层党组织建设，2020年完成软弱涣散村党组织整顿，重新选举村委，使村党委能够更为有利的领导与服务汉塘村的发展。在此过程中，苗木电商专业市场发展为基层党组织发挥作用提供了更大的空间，扶贫工作组能够依托苗木产业优势为贫困户提供更为精准的产业帮扶，例如 2018 年，帮助 4 户贫困户种植芒果、荔枝等果苗 9.5亩。而且苗木产业链越来越精细的分工让工作队的扶贫途径有了更多选择，例如 2020 年，村委申请新增非固定性村级扶贫公益性岗位 7 个，负责帮助维持村

中的卫生工作与安全工作。此外，其他的村落组织也随着村民生活水平的提高更具活力，如宗族理事会等宗族组织促进了村民之间的互助与交流、合作，使村民更具凝聚力。

（三）维系村落共同体、维护村落秩序稳定

汉塘村的苗木电商产业化通过拓展外部边界，拓展了农户的交易范围，对内进一步巩固了村民间基于血缘与地缘的熟人社会。由于产业环节的互补，村民间通婚、人情往来更为频繁，形成基于产业发展的村落共同体，有效推动了汉塘村苗木产业的发展。村民将个人发展、家庭发展与村落发展的高度相关联，有助于凝聚村落共识，维护村落的稳定发展，也降低了政府对村落的治理成本。

三、实现农业产业化发展、促进城乡关系均衡

苗木电商专业市场体系的不断完善使汉塘村苗木产业化更为充分，由此带来的就业机会能够吸引村民留在故土，使农户的生产生活与产业发展相契合，共同促进了汉塘村的集镇化发展，进一步激发了乡土社会的活力。传统城镇化过程中，农村劳动力为满足家庭发展需要，不断外流，他们选择前往其他城市买房、工作。但汉塘村由于产业发展，更能留住农户，并增加其收入，提升其消费力。2016 年，汉塘村被评为"亿元村"，家家盖起了高楼，改善了农村的居住环境。同时，由于基础设施的不断完善，交通条件也不断得到改善。村里有直通武利镇与灵山县的公交车，且农户为满足出行需求与经营需求家家购买小轿车与皮卡车，进而拉动了武利镇的区域消费。

在产业化发展的集群效应下，不断完善的配套设施与服务行业让村庄更具宜居性，形成就地城镇化发展，无论是就业、教育、娱乐都能在村中满足需求，政府对专业化市场的建设引进了大型企业发挥示范与引领作用，使村落发展更具规模性，不仅留住了本地的农户，还吸引了源源不断的外地企业与客商。

村民租用附近村庄土地进行生产、向外部购买苗木进行销售以及带动伯劳等

乡镇从事苗木电商产业和从苗木扩展到水果、特产销售等，推动苗木产业从第一产业向第二、三产业的发展，实现产业融合。2019 年，汉塘村被中国农业农村部认定为"第九批全国'一村一品'示范村"。可见产业发展应是因地制宜的过程，如盲目引进产业，往往适得其反造成农村资源的外流，削弱农村的竞争优势。反之，如能在当地产业传统与文化基础上发展产业，以农户为主导，尊重和保障其参与产业发展的机遇与地位，则往往能够发挥产业优势，立稳脚跟，则能够切实实现产业繁荣，激发乡土社会活力，缩小城乡差距，从而平衡城乡发展关系。

小结：产业发展与专业市场体系

产业的规模性是市场形成和成熟的标志，意味着规模化的商品生产与普遍性的商品供应。在地域上体现为产业在空间上的聚集，也就是产业的集群化态势，产业在集群化中不断发展、调整、创新进而推动专业市场的形成。汉塘村的果苗种植因相对传统农业生产的收入优势，吸引越来越多的农户参与其中，提供了低价格、多样化的果苗产品，实现苗木产业在空间上的聚集，并在发展中不断适应市场需求，在生产上培育更符合市场需求的苗木品种，在销售上引进电商平台，实现产销的技术创新，提供了更有竞争力的产品，逐步突破原有的三级"集市体系"，构建起了以汉塘村为中心的苗木电商专业市场。

在专业市场形成过程中，相关产业的纵向发展与延伸表现为专业化协作水平的提升，产业各环节间的精细分工与合作导致规模产业的经济效果更为显著，实现从生产到加工再到销售过程的第一、二、三产业的有机融合。汉塘村的苗木产业的纵向分工体现为从一开始的产销一体，到后来从种植、包装、销售、物流等多个环节的精细化、专业化分工，以家庭为单位参与苗木产业的农户也越来越依赖于其他环节的配合与合作，而电商平台的参与更有助于凭借其信息优势纵向整合产业链上的相关业务，推动苗木专业市场的产业融合。

在汉塘村苗木电商专业市场体系形成的过程中，农户通过电商平台强大的信息整合能力跨越了传统以低于为边界的市场体系，实现了生产关系在更大范围的拓展。电商平台在其中的作用主要体现为两种整合：一是供需信息的整合，通过"阿里巴巴""惠农网"等互联网电商平台对全国供需信息的大数据检索与整合，完成商户与目标群体的精准对接，使交易双方可以更为便捷的产生联系，实现沟通，为汉塘村苗木产业提供了更丰富的客源，同时也节约了农户的搜寻成本与交易成本；二是相关业务的整合，电商平台的数据算法能够根据交易双方的交易信息及时推送产业上下游的相关业务信息，从而实现不同产业业务的有机衔接，从而带动汉塘村苗木相关产业均衡发展，为客商呈现出以"灵山电商第一村"品牌为代表的品种齐全、服务完善的货源地形象，同时也通过促进其他产业发展，强化苗木产业的基础设施与附加服务。

但必须意识到，以汉塘村为中心建构起的专业市场体系的形成并不意味着传统市场体系被取代。在汉塘村及周边乡镇的日常生活中，传统农市场体系仍然发挥着维持商品流通、沟通城乡关系的作用，其中以家庭为单位的农户作为主导力量的市场基础并没有发生改变。因此苗木电商专业市场的发展能够通过其产生的经济和社会效应，推动传统市场的繁荣，进一步激活农村基层市场的活力，是在尊重农民主体性的前提下，将地方产业与乡土社会相关联的结果。这种以专业市场体系为发展载体，农户为主导的内生性乡村振兴路径，对当前其他地区产业化发展也具有一定的参考价值。

第七章

消费升级、文化转型与新公共空间

随着网络技术的不断升级，国家关于农村电商发展的政策不断调整，农村的互联网环境也得到了很大的普及与优化。农村电子商务突破传统经济方式，打破时间和空间的壁垒，通过网络平台嫁接服务于农村的特别是农业资源的三农服务，拓展农村信息服务业务、服务领域。在网络电商的普及下，农民利用互联网平台进行交流交易，农村产业模式转型，经济规模持续扩大，农民收入不断增长，推动农村消费观念升级、消费结构调整，在内外因素的助推下形成新的文化环境，构建新公共空间。电商产业已经与农村发展特别是汉塘村社会、文化、经济融为一体，互相影响，共同发展。

第一节　电商经济助推消费升级与文化转型

电子商务平台具有即时性、共同性、便捷性、交互性等特点，是村庄联系内外的重要纽带。汉塘村电商经济试图打破城乡二元结构之间的传统经济交往方式，利用互联网等手段相结合扩大该村苗木产业市场，其作为技术、生产方式和组织方式变革的共同结果，为乡村发展带来了积极影响，最显著的就是农民在第一、三产业上的发展，由此引起包括收入增长和消费观念、行为改变以及文化转型在内的全方位重大变革。

一、电商经济带来消费升级

电商并非只是一种新型的、简单的商业或创业模式，而是在传统产业流程基础上，利用经验基础结合通信网络等技术的升级与拓展。近年来，农村电商产业作为新兴产业发展迅猛，农民作为销售流量新星异军突起，在农村电商发展的"市场下沉"和"消费上行"过程中，拓宽工业品与农产品的流通途径，市场活力得到最大化的释放，交流方式和消费市场不再受限。这对于农村电商的两端即以农民为主体卖家与外界买家都产生了巨大的影响，在一定程度上促进了农村居民的消费结构升级。

根据中国国际电子商务中心研究院公布的《中国农村电子商务发展报告（2019—2020）》显示，2020年上半年农村网络零售达7668.5亿元，占全国网络零售的14.9%，零售额较去年同期增长5.0%。[1] 于外界买家而言，电商平台交易是一种新的消费方式，通过网络购买能扩大所需物资市场来源，减少市场流通环节，产生"物美价廉"效果。于村民而言，苗木电商经济作为一种新的销售方式，是线下传统苗木产业与线上现代互联网结合的产物，也可被视为农业生产的线上延伸。汉塘村电商农户通过互联网进行苗木培育等技术学习，改进了传统种植经验，通过云数据进行信息交流和计算，有效压缩了交易所需空间和时间，节约农业产销成本，通过互联网的美工包装还能提高产品附加价值，增加经济收入。

农村电商的快速发展，直接推动了居民消费模式的优化，使中国农村居民的消费结构、消费观念、消费行为以及消费市场都发生了翻天覆地的改变。

（一）消费观念的转变

消费观念由简单的理性消费到感觉消费进而迈向感性消费。消费观念的形成既是民族文化长期积淀的结果，又是社会现实的直接反映。汉塘村在发展电商产

---

[1] 中国国际电子商务中心研究院：《中国农村电子商务发展报告（2019—2020）》，https://ciecc.ec.com.cn/article/gzdt/202210/415_1.html，访问日期：2022年10月24日。

业前，是传统的以种植水稻、水果、苗木等农业活动作为主要生产方式的乡村，具有浓厚的农耕文化和乡土文化。由于生活水平低，消费者只是注重产品本身的质量，着眼于物美价廉、经久耐用。因此，产品的"好"与"坏"成为村民消费的标准。在搭上电商经济这辆快车后，该村以第一、第三产业结合的方式对苗木进行销售，人均收入水平得到极大提升。在农村电商推动下，促进农村快递业务发展，村落物流通道建设日趋完善，极大便利了新消费方式的出现。

党的十九大后，我国社会主要矛盾已经发生变化，以此为背景，村民们从满足日常生活、生产资料需求观念转向了在此基础上增加对满足精神文化消费需求的观念。依靠网络信息快速传播，以中青年为消费主力军接受来自外界特别是城市的消费观念影响下，村民的消费观念转变——"重品牌，重式样，重使用"，成为人们消费观念首先或主要的内容，"喜欢"与"不喜欢"成为消费者的购买标准。

（二）消费行为的转变

伴随着互联网经济和智能手机的普及、电子商务及网络购物的渗透和发展，汉塘村村民在借助农村电子商务平台对外销售农业产品的同时，受到来自城市新消费业态的刺激，网购消费、电子支付消费等行为逐渐常态化，促进村民消费行为转变。汉塘村村民消费由"自给自足"的传统消费方式发展至现代化、市场化、开放化、多元化的消费方式，主要体现在，从原来在村镇的小卖部里购买生活必需用品转向在线上购物平台渠道进行消费，还有原来从以现金为主进行商品购买方式逐渐发展为线上网络支付方式。

（三）消费结构的转变

消费重心由基本生活必需品支出向满足高层次需要的休闲消费转变。消费结构作为反映农村地区各项消费构成比例，也是衡量居民生活水平的重要指标。与满足物质需求为主的购物消费不同，休闲消费更多地反映了居民精神层面的需求，在消费行为空间上具有更高的随机性。

新时代我国社会主要矛盾发生变化，在乡村振兴战略的实施下，农民经济收入增加，其消费水平较以往有了大幅提高，恩格尔系数呈持续下降趋势。笔者调研发现汉塘村消费结构可分为三大类别：一是生存性消费，即生产资料、基础医疗与生活基本必需品消费；二是发展性消费，即在精神文明消费上的投资，如购买电视机、电脑、智能手机以及儿童兴趣教育投资等；三是服务性消费或享受性消费，如移动支付服务使用、中高端成衣消费、城市房屋购买、娱乐活动支出、交通通信支出、医疗保健投资等。电子商务在中国的发展，特别是汉塘村基于电子商务发展的苗木产业出现后，收入的直接增加使得村民的基本需求得到满足，通过互联网受到外界影响并逐渐向高级需求转变，因此在消费结构中第一类消费支出比例减小，促进消费结构朝着合理化的方向迈进。

二、消费现代化与村落文化转型

在全球一体化发展背景下，经济、文化的现代化发展显著，传统农村社会受城市发展的影响和渗透，正逐渐被纳入现代化与城市化发展体系之中。城市消费文化以及西方社会兴起的消费主义正逐渐深入乡村地区。农村消费文化的变迁正以一种缓慢的趋势逐渐向城市现代消费文化靠拢，在与传统的消费文化、乡土文化融合下，重新构成新型村落文化。

农村消费文化受其空间环境和乡土文化环境的影响，大多在物质与精神文化生产以及人们日常消费活动中体现出来，是消费观念、消费行为、消费结构和消费市场的结合和文化体现。经济的繁荣、社会的进步和科技的发展催生出一批汉塘村农村青年创业者，将乡村优势转化为经济收入，在尝到苗木产业带来的经济快速增长甜头后，向城市消费逐渐靠拢的农村消费得到升级。农村消费升级是对现代都市文化的一种模仿，从消费行为开始，最终实现行为与观念的全方位改变，消费升级带来消费文化变迁。新消费文化作为村落文化的重要组成部分，对村落文化重塑起到重要作用。由此可见，消费升级过程的最终形态就是实现了村落文化的合理转型。汉塘村消费文化在现代化的浪潮中形成了不同于传统消费文化的新的村落文化体系。

在短缺经济时代的传统消费文化中，村民们往往从事传统的水稻种植为主的农业耕种，辅以小规模苗木种植，生产的物质在满足维持基本生存发展前提下，仅有少量剩余可以售出，家庭收入较少。处在这样一种环境下，村民形成了节衣缩食、省吃俭用的消费意识。在改革开放浪潮下，村中多数青年外出务工，收入逐渐增长，但因为村内发展较为滞后，形成了外出务工群体与传统农业活动生产群体的消费文化差异。通过农村电商平台改变汉塘村整体产业结构，在务工青年返乡创业、西方消费主义、移动互联网消费影响下，由电子商务平台消费推动的新消费系统构建完善。目前，村民们通过互联网进行农产品销售外，在消费上融合传统实体经济消费和网络线上消费，他们在线上对各大销售平台产品进行对比、购买商品，对网络消费以及个性化的消费品形成了一种新的认可。汉塘村坚持"扶贫"与"扶智"相结合的思路，利用"电商＋农产品"的新模式，使农民走上了脱贫致富的新道路的同时，改变了其原有的消费模式，向着消费现代化发展。

消费文化是村落文化的核心，是人们日常生活的重要组成部分。农村消费这一行为活动对村落经济再生产、区域空间环境再造、文化再生产具有重要影响。从村落经济体系构建角度看，消费文化对村落经济行为与观念的重塑起到了不可忽视的作用。

受新时期消费模式和西方消费主义影响，外出务工青年在城市中初步接触到移动互联网购物方式，并以此为契机，利用农村传统农业产销方式为经验基础，借助农村电子商务平台，开辟一条苗木产业销售的电商道路。汉塘村通过"公司＋农户＋电商"经营方式，直接带动本村及周边村民500余户参与种植销售，扩展周边村种植果苗3000余亩。

从区域空间环境再造方面看，新消费文化的重塑凝聚乡村内生发展主体，推动主体参与空间环境再造活动，推动文化、产业、空间三位一体协同发展。汉塘村村域空间较广,且人数较多,原基础设施较为简单,仅能提供村民的基本生活环境保障,通过经济带动与消费文化转型,对村庄内部公共空间建设要求随之提高。目前村内公共设施与文化设施在满足基础使用上持续完善,良好的空间环境促进村民物质文化和精神文化的发展。

在电商产业发展前,农村经济发展缓慢,村落公共空间规划依据原生态乡土文化开展。苗木电商产业发展后,人均收入水平提高,且产业的持续发展需要更合理的空间规划、环境再造,截至2021年8月,汉塘村的大禾塘等主干道安装了40盏路灯,实现道路硬化300米。在板桥、岭尾等生产队,实施道路硬化400米,修建了一个500平方米的灯光球场和安装路灯等。在新乡土生态环境再造方面,2018年,汉塘村村委共组织群众集中整治环境卫生40余次,参与群众200余人次,清理村中卫生死角20余处,督促保洁员抓好村中垃圾清运工作,村内及主干道旁修建多处垃圾桶和垃圾回收点,保证村中环境卫生清洁。同时,村委开展走访工作,大力开展清洁卫生工作宣传,不断提高群众爱护环境卫生意识。

从文化再生产角度看,消费对村落文化行为的引导,包括对传统习俗的简化、经济能人崛起后对政治权威的消解和经济话语权的提升、消费结构多元化,特别是在教育方面的投资增多。此外,选择性地轻视某些乡土社会中的民俗活动,其中缘由在于汉塘村苗木电商产业的初始与发展等阶段均以宗族内部带动为主要方式。被轻视的民俗活动诸如春节的"舞狮""采茶戏",多为苗木销售旺季进行,多数村民在该时段选择了参与经济活动。

汉塘村创业青年HZW通过个人学习、亲友协助等方式摸索出一条适合苗木销售的电商渠道,成立了永发果苗种植场、三好农业发展有限公司,注册了"HZW"商标牌果苗。在该产业初始阶段,跟随HZW从事电商的村民均为H氏宗族的人,他们认为族内兄弟更需要相互帮助。产业发展繁荣时期,逐渐扩散到以亲缘关系、好友关系为纽带的发展体系。汉塘村民认为,苗木电商产业光靠自行摸索是不够的,需要引路人,附近村庄凡涉及苗木产业的均和本村人有一定的关系。在苗木产业、电商销售等领域,政府仅提供政策上的倾斜,领头人的经验和行为更能影响该村产业发展方向。

文化再生产的另一方面涉及教育方面的投资，包括青少年教育投资和创业者再教育。经济增长对消费文化产生直接影响。在青少年教育投资部分的支出增加：一是在城市购买学区房，改善孩子的教学环境与教学质量；二是在孩子的兴趣爱好学习上进行投资，报名学习舞蹈、乐器、心算等方面的学习；三是在村庄、宗族内部设立助学金，帮助家庭困难的青少年得以继续接受教育。在创业者再教育方面，多次开办关于电商的主题培训，购买相应学习物资，通过聘请专业教师、互帮互助等方式提升使用电商平台和苗木培育的能力。

在 2020 年度的村委工作简介报告中，村委落实国家"雨露计划"的实施，为村内贫困学子资助 22500 元。开展系列"扶贫献爱心捐赠活动"，动员本村果苗电商大户为贫困学生捐资 2.4 万元。村委坚持"扶贫"与"扶智"相结合的思路，注重提升贫困户自我"造血"功能。每年举办 2 期以上的果苗电商培训班，邀请市、县级农业专家为本村和周边村的贫困户和其他农户开展果苗技术培育和电商运营技术培训，受益人数达 1600 余人次。通过举办技能培训班，确保贫困户均掌握一门创业就业实用技能，精通一门实用技术，不断提高他们就业和创业能力。通过"公司+农户+电商"经营方式，直接带动本村及周边村民 500 余户参与种植销售。

三、消费空间转向与村落新公共空间

农村消费文化变迁是内外多重因素共同作用的结果，消费文化变迁与消费空间转向相辅相成，其转变方向是有两方面的：一是推动乡村消费空间主动上移。村落消费现代化带来的一个显著特点是消费空间从村落转向城镇，使得村落消费呈现明显的代际区分。由于村落电商经济的发展，促进了村落与村落之间、村落与城镇之间物流和交通的发展。汉塘村道路设施的不断完善缩短了城乡之间的交通时间，便于精力充沛的青年人进城消费。另外，青年一代受网上某些自媒体的"探店热"影响，热衷于对城镇"网红店"进行打卡。这两个原因就使得在村落

间的消费主体中，青年一代的数量不断减少，中老年人的数量占主要地位，这在一定程度上催生出一套适合不同年龄阶段村民的消费环境与消费体系，塑造村落新公共空间。

另一个转变方向是城镇消费品主动下移，占据村落公共空间。随着村落间的主体消费观念和消费行为的变化，吸引城市工业品及服务业向农村市场渗透，引起城镇消费品主动下移。一是以"美团优选""多多买菜"等线上团购日化用品、生鲜蔬菜的软件在村内流行。村民通过抢购、团购等方式购买村内小卖部同样在售的生活用品，更有部分村民在线上购买价格较村内售卖更为低廉的生鲜蔬菜。城镇批发商采取的果蔬日用品等"送货下乡"，在各村落设置提货点或者是配送点等模式，使得更多样、更高性价比、更能满足村落中老年人需求的商品能在村落市场间流通。二是以"奶茶店"为主的服务业渗入乡村消费体系，参与新公共空间建设。奶茶行业兴起于台湾地区，近十年在大陆地区中大型城市发展迅猛，在国内市场中奶茶已经发展成年轻消费群体的主流。汉塘村电商产业吸引大批城市务工青年返乡创业，拉动经济增长，同时也需要在乡村区域内满足年轻人休闲娱乐需要，开店成本低但利润高的奶茶店应运而生，逐渐成为村内学生、年轻人集聚的场所。城镇消费品主动下移，使得村落公共空间更加开放、丰富，向城市文化行为靠拢，村落之间广场舞盛行，以及村委设立的老年人活动中心，这些无一不是村落文化向城市文化靠拢的体现。

第二节　消费升级：从保守到超前

农村地区消费升级是指乡村区域社会及主体在受到内外部经济调节条件、市场环境发展的情况下，消费需求从较低的商品需求到更高层次的消费需求的转变，即从保守消费到超前消费不断发展的过程。具体来讲，消费升级是各种商品或服务的消费支出在整体消费结构中的转换、升级的过程。同时，农村居民消费升级还受乡土传统文化的影响，表现出代际差异等特征。

一、整体表征

（一）高品质实物消费依赖性加强

在苗木电商产业尚未发展前，汉塘村主要以售卖部分余粮和培育小规模苗木为经济收入方式，辅以中青年劳动力外出务工增加家庭收入，全村人均可支配收入低，在消费方面仅能满足基础物质需求，仅有少部分从事相对稳定工作的村民生活品质较高些。此时，消费渠道较窄，消费市场局限在乡或村内，这是一种被地区供给"微控制"的村落消费需求，只有少部分村民会在重大节日到县城进行购物，村民对物质的消费仅围绕"价格如何"进行购买，较少关注产品质量。由于社会经济的快速发展，我国城乡居民人均可支配收入不断提高。特别是依靠电商产业发展后的汉塘村，2019年全年人均收入超6万元，有效地缩小了城乡之间的经济差距。收入提高与消费追求成正比，村民在消费方面开始注重需求品的牌子的质量、口碑以及性价比、售后服务等方面，不再是城镇商店有什么买什么的局面，而是村落消费主体需要什么，村落市场流行什么，城镇的商家就卖什么，由此实现商品品质和数量的协调平衡。

同时，在居住、家庭设备、交通工具、医疗保健等方面的支出比重呈现上升状态，尤其是在居住和出行工具方面上的消费。汉塘村在苗木产业发展过程中，因物流和交通需要，很大部分村民从依山而建的老宅迁出，在道路两旁修建新居。新居落成后，每家每户均会购买液晶电视、电脑、冰箱、洗衣机等智能家庭电器。九成以上苗木电商从业者都至少会购买一辆汽车，用作苗木运输工具或是外出交通工具。

（二）网购比重快速上升

近年来，数字经济蓬勃发展，农村作为我国最广阔的市场，具有极大的发展潜力。汉塘村苗木电商产业发展进入快车道，有效地促进了农村产品和日用品消费品的双向流通，对农村居民的线上消费产生了重要影响。因产业环境特殊性，汉塘村网民数量占全村居民数量总比较高，在对互联网技术的学习中不断提高了村民的信息素质，改变了农村的开放度，促使村民线上购物人数持续增多，网购频率与比重快速上升。购买商品从之前到镇上的集市或者商店购买转向在各大电商平台下单。除此之外，村民还会在一些短视频平台购买商品。

（三）享受资料消费比例上升

享受资料的消费行为是消费活动中享受型消费的具体体现，是较高层次的消费形式，能满足人们对于舒适、快乐生活的需要。在日常生活中订购报纸、购置小型体育器材、购买各式各样的娱乐设施的消费在家庭总的消费比例中越来越高。重大节日时的家族聚餐也不仅仅是简单的吃一顿饭，还会有在家中进行烧烤、唱卡拉OK以及在种植的水果园采摘水果等娱乐项目。如烤炉、烧烤酱汁和用具、家庭影音设备等，这些都是村民的享受消费品。由此可见，村民越来越重视精神方面和娱乐方面的需求，促使享受资料消费比例不断增长。

（四）村内的"面子竞争"与攀比之风逐渐盛行

"面子"作为中国独有的本土化词语，代表中国人独特的文化心理特征。乡村作为一个半封闭的社会，在人际交往中以差距格局为主要特征，乡土意识浓厚。"面子竞争"不仅凸显出村庄社会分层和村庄权威结构的分化，还需注意当"面子竞争"与攀比之风失控后，乡村社会熟人体系的变迁与维护。如汉塘村内各家宴请酒席时会进行菜式的对比，比较好面子的村民会投入大量金钱去置办各种酒席，比如满月酒、周岁酒或者大学酒。这些酒席的操办、选址以及餐桌上的菜品、酒等都是村内"面子竞争"的体现。

其"面子竞争"还体现在住房和出行方式上。在住房方面，农村自建房的基础建设、装潢等都会受到城镇或者村内村民的影响。在交通方面，以前村落的村民出行大多是自行车、电动车和摩托车，现在很多年轻一辈也会贷款购买私家车。即使私家车在村内的使用率不高，但是拥有一辆私家车往往在村里面被认为是收入好的表现。这些都会使得攀比之风慢慢盛行。

（五）开始注重外貌外表

外貌形象作为主体内在的外在体现，也是对外展示的重要窗口。随着内外环境不断发展，当满足其基本的生存需要后，汉塘村村民开始转向享受型消费，注重外貌外表与装扮是重要体现。原因在于，一是经济能力足以支撑他们在该类别上的消费；二是在直播、小视频等平台的影响下，创业者需要以更好的形象面对视频观看者；三是创业者多为青年人，对于外在形象的追求远高于长辈，特别是对外商谈业务时需要以良好的形象开拓市场，男性体现在对发型、着装的要求，女性体现在对护肤品、服饰以及家中儿童的打扮。大部分中老年人的外在着装讲求朴素大方即可。

二、代际差异：老年与中青年

农村社会传统文化是我国文化体系中较为稳定的组成部分，在现代化的进程中逐渐引发了乡土变迁，推动农民家庭的转型，其代际差异不仅在于结构分化、功能分化上，更体现在对经济上的影响。

（一）老年人

老年人作为乡村建设和管理的"大家长"，更注重家庭整体发展，在物质消费方面的支出大于精神消费。往往表现在对房屋修建、生活饮食、隔代养育、子女婚育这几个方面。在房屋修建方面，重视家庭住宿环境，通过经济积累对旧宅进行修缮或是另起新屋，规模视个人经济能力而定，从毛坯房到新农村小别墅不等。老年人认为房屋是家庭团聚的场所，对其更为重视，且农村家庭因子女较多，需要担负起子女婚嫁所需的房屋建设，所以该类消费往往占据老年人生活的绝大部分比重，直至有下一代进行任务接替。因家庭分工与功能分化上，老年人的劳动能力低于中青年人，所以在生活中往往从事较为轻松的工作，如购买生活必需品、种植蔬菜等。随着简单家庭再生存模式逐渐演变为扩大化家庭再生存模式，老年人在资源配置中处于较为弱势的位置，在价值上逐渐依附于中青年。汉塘村多数老年人通过做散工获得微薄收入，更多时候为了减轻子辈负担帮助抚养孙辈，在陪伴孙辈时，会为他们购买小玩具、零食等。

（二）中青年人

中青年人比较注重精神方面的享受，主要体现在中年人更热衷于参加诸如好友聚会等社交活动。同时，这些年兴起的"聚会热"也使得村里很多青年人开始举办同学聚会。此外，部分中年人还会在家中购置影音设备，用于家庭娱乐活动。而且中年人很喜欢到农家乐消费，到农家乐去吃私房菜，进行钓鱼、游船、爬山等娱乐活动。不仅如此，他们还喜欢带子女进城消费。

青年人则对外形外貌方面的消费较多，攀比之风较为严重。跟风明星、"网红"流量进行网络购物，到城镇上去消费、探店，还很喜欢喝奶茶以及吃一些异域食物，比如日料、韩料、泰餐等，对外来的事物接受较快。此外，青年人还会在视频软件上进行消费，比如在视频网站充钱成为会员"追剧"；在购物网站购买潮流服饰、数码产品等；在游戏软件上投入资金，购买游戏装备，等等。

第三节　文化转型：经验形态与社会基础

一、经验形态

乡村作为人口集聚区域，受人口流动与文化变迁的影响而不断发展，现代社会中，村落文化早已不是一个完全封闭的环境，人口、经济、文化间的交流交往，使得村落文化整体向更具现代化和合理性的城镇文化转变。文化是由人类长期创造形成的产物，是人类社会与历史的积淀物，同时文化的发展又能反作用于人类的行为，使其在生活环境、生产制度原则、风俗信仰等方面构建出新的体系，推动新文化转型与空间重塑。

（一）景观：村落布局、房子、耕地、道路的转变

传统村落布局体现着当地的传统文化、行为习惯和乡村空间格局，反映着村落与周边环境的和谐关系。汉塘村村落布局主要是以宗族为核心进行构建，一般分成小区域生活，如一支小队仅由一个或两个姓氏组成。在现代化社会的不断发展和电商产业推动下，村落布局发生改变。目前，汉塘村村内荒地较少，基本上都以整合地块的形式进行出租或自行管理，靠近村庄核心区域的地块用于苗木发货仓库，较远耕地则用于建设苗圃大棚或种植少量稻米。村集体公共用地从之前的荒废状态转变成建设公共篮球场，已经修建了一个 500 平方米的灯光球场，供村民们进行娱乐和运动。此外，还建立了村委会大楼以及村卫生所。

在房屋修建与选址方面，由依山而建向依路而建转变，由 090 乡道为主线，以汉塘村小学为中心自北向南修建新房。房屋规模不断扩大，由原先的一层瓦房或平房转变成现在的三层至五层的楼房。房屋外立面大体都用瓷砖进行装饰，楼顶修建半层方便晾晒农产品。2020 年，村委工作组帮助 5 户特殊困难户实行危房改造，共落实危改面积约 120 平方米；拆除贫困户危房 3 间，面积共约 50 平方米。除电商产业户之外，其他外出务工的村民基本上都修建有新房，村内的贫困户房屋也得到了修缮，全面实现美丽乡村建设。

在道路建设方面，090 乡道穿村而过，村落道路的硬化设施逐渐完善，由之前的黄土路变成了水泥路，道路宽度虽不能满足产业旺季时期物流运输需要，但是所规划的道路也为村民提供更便利的生活和出行需要。除此之外，道路两旁还安装有路灯、路牌等。

（二）器物：汽车、日用品的增加，健身器材的出现

随着乡村产业与环境的发展，村民们开始转向了消费物质的文化意义，关注消费物质的符号体系和象征体系。交通工具是以出行方便为目的而出现，先前村里购买的自行车、电动车、摩托车均能满足村民的出行需要，在文化转型影响下，小轿车、货车在村中的数量激增，九成以上电商从业者均购有汽车，价格从

数万元到几十万元不等，交通工具的置换更能凸显创业者的财富和身份，也为产业发展提供更大的便利。

日常生活中的高档电器使用在汉塘村已成为常态。在烹饪方面以电饭煲、电磁炉代替了旧时的烧柴火、烧煤炭；在洗衣方面以家用洗衣机代替了人工洗衣；在娱乐方面，液晶电视、电脑的出现代替了村庄茶余饭后的聚集拉家常；空调、智能手机的普遍使用也体现了村庄建设中人们对现代化商品的青睐。

在村落的公共区域，还修建了一些露天的健身器材区，便于村民在劳作之余加强体育锻炼，实现劳逸结合。有些村民还将自家田地、菜地改建成了私人游泳池。

（三）规则：私人权利与意识的兴起

一是私人意识觉醒，青年一代更加注重自我表达与实现。青少年通过使用智能手机在网络平台上拍摄一些生活片段或是苗木种类介绍，新的乡村风貌在这些视频中得以展示。在日常生活中，也懂得向长辈或者是同龄人表达自己的看法和想法，促进村落间的代际关系平等发展。其次，电商带来的新业务发展能加强青年的责任意识，有利于他们在实践中实现个人价值。同时，青年一代受乡土文化和现代文化双重影响，开始关注自身发展、宗族和亲友关系维护，以及乡村整体发展。

二是人际交往更加市场化，互助活动减少。苗木电商产业作为汉塘村龙头产业，参与主体占该村村民半数以上。在市场化环境和乡土传统社会环境双重发展的背景下，人际交往范围冲破了传统的以血缘、亲缘为核心的区域，逐渐转向以业缘为基础的人际交往。在交往中不再基于道德而是经济利益。在发展较为滞后且经济差距较小的乡村中，互助活动如稻谷收割等有利于家庭生产效率提高，婚丧嫁娶事宜全程互助操持。苗木产业发展初期，互助活动多表现于带动族内亲属加入该行业，或是在货物运输方面的帮助。发展至今，乡村内的互助活动除婚丧嫁娶的基本要求外，互助多以经济发展为前提，逐渐减少在日常生活中的实践。

（四）信仰：原有的村落民间信仰被弱化，新的信仰形态兴起

"岭头节"原是为祈求庄稼丰收、人畜平安、保护村屯清平吉祥而举办的一种以舞蹈形式来进行祭祀的节日，体现了各民族文化交流和民族大团结的习俗活动。在经济现代化与全球化、信息化的冲击下，乡村传统节日文化的传承和发展被逐渐淡化，特别是在文化认同功能和人文娱乐功能上。汉塘村对于"岭头节"的文化转型体现在该节日从在村落公共空间开展转为私人宴请活动，其"岭头节"的节日仪式也从向天地鬼神祈求风调雨顺、村落平安，变成了宗族间、亲戚间的感情联络工具。村民不再重视其原有的节日含义，而是又赋予了其新的含义，由鬼神信仰逐渐转向以具体实践实现个人价值的形态。

二、社会基础

社会基础是农村社会阶层结构发生变化的具体体现，具有阶段性、发展性和依赖性等特征。汉塘村是以"熟人社会"为村落社会主要构成方式，但其中社会结构分化也在随着产业的发展不断变化。宗族力量、业缘群体凸显作为文化转型的最重要特征，宗族力量在村落内决策和建议方面有较大的话语权，村干部权力式微。随着电商经济的发展，宗族力量在经济活动中得到强化。以苗木电商产业为经济收入来源的宗族，具有强大的经济实力基础，在本村的重大事件决策和建议方面有着很大导向作用。村"两委"带头开展的电商产业"经济能人"培训班，也是影响乡村社会基础的因素之一，通过培训班的开展，村内外各电商从业者进行有效学习、交流，扩大村与村、族与族之间的交流，且村内"经济能人"目前多汇聚于H姓，巩固了该姓氏在村中经济发展方面的话语权，也促使村民更加相信和支持能带动自己经济发展的人。在产业发展过程中，经常会产生族内互助、族间互助与村村互助等方式，但都是基于亲缘关系或是业缘关系，也在无形之中扩大了宗族这个群体及其影响力。

相反，对该村落经济发展贡献作用较少的群体逐渐成为村落社交的边缘群体。虽然他们也是村落构成的一部分，同时也是村落基层政治组织的关注对象，

因为他们无法通过自己的能力发展经济，更不用说带动村落其他村民发展经济，所以他们在经济上拥有的话语权较弱。经济与政治是密不可分的，所以这部分群体在政治上的影响力小，并且还得靠村落基层组织的一些决策的实施来改善该群体的经济处境。

其次，宗族、姻亲等传统关系对经济生产扩大和乡村教育发展的支持。在当代社会，村落各宗族间由婚嫁而形成的亲缘关系网也对村落的社会构成产生巨大影响。由于地理因素的限制，村民间更加倾向于发展"近亲"婚姻关系，这里的"近"是指距离上的近。这种"近亲"发展的婚姻关系在隐形之中不仅扩大了亲戚群体，还加大了宗族的规模，使得经济生产的经验技术等得到快速的传播和实施。

汉塘村的一些宗族与村"两委"在村中设立教育基金，奖励和资助高考成绩优异者，为村民的发展提供激励、创造条件。通过设立教育基金会以及村内或宗族内部捐赠的方式资助入学难的大学生，奖励考上重点大学的优等生。

再者，宗族文化根植于乡土文化中，是乡土文化认同、文化转型过程中不可忽视的重要组成部分。换言之，在村落文化的不断发展过程中，宗族意识已经内化为一种文化形态，长久地存在于人们的价值观念之中，继而慢慢发展成一种代表地区的地区性文化精神，其也加强了宗族间的文化认同。在现实社会生活中，宗族组织还会主动地围绕祭祖、丧礼、婚嫁等公共事项，通过各种集体性的、周期性的宗族公共活动，进一步巩固族人的文化认同。节日仪式成为了村庄重要的公共文化活动，为促进村民交往和互动提供了机会的同时，也加强了村民间、宗族间的文化认同。

第四节　新公共空间：新形态与新规则的呈现

农村公共空间是指在乡村区域内承载一些组织发挥自身功能的载体和平台，是承载国家服务下沉到基层的场所。公共空间在建设和规划中需要政府主导与农民主体参与，构建新空间形态建设与区域规则体系。现代化进程加快推进了农村地区新公共空间的转型升级，使其在转型中更符合乡村发展，有利于村民提升生产、生活水平，为推进基层社会治理转型和善治带来启发。

一、新形态：景观、组织、精神三个层面

（一）景观层面

由以村委广场为一元中心向多中心并存的空间布局升级，多中心包括村委广场中心和种植大户家庭、各小队次中心广场。一是生活空间的再造，原先村委广场是群众健身休闲文化交流的综合性文体活动中心，人员流动量最大，人们干完农活在茶余饭后便会到此处聚集交流信息。随着电商产业的发展，多数村民在家中购置电视机、电脑等电器，通过这类产品可接收到外界的最新消息，娱乐空间由户外向室内转移。其次是生活空间功能划分逐渐清晰，先前因村民经济收入水平较低，房屋多为平房或瓦房，生活起居均在一楼得到完成。如今多层洋楼遍布汉塘村，人们把一楼设计为仓库、车库，二楼以上为客餐厅与起居室，明晰区分生活环境的区域与功能。二是生产空间的重塑，旧公共空间下，生产空间多位于田间地头，也会把农产品摊开在房前屋后进行晾晒，生产空间拥挤杂乱。新公共空间的规划下，电商产业环节中规划出苗木大棚、产品包装仓库、快递发货点、电商附属产品生产店等在村中出现，带来生产空间新亮点。

综上所述，围绕行政话语展开的以村委广场为中心与围绕经济产业发展的以苗木大棚、仓库、物流店以及围绕日常生活起居的楼房呈现出的新公共空间的多主体景观中心新形态。

（二）组织层面

1. 行政组织层面

一是借助互联网构建村民网络公共空间，可通过"微信群"等方式对村落事宜进行商讨。把交流空间由线下转为线上与线下相结合的方式，既开拓了新的网络公共空间，又提高了行政办事效率。二是引导本村创业青年成立水果生产流通

协会、电商超市，政府在协会办公室、培训教室的申请等方面起到重要作用，村民可在协会和超市内共享信息、交流苗木种植经验，为本村村民开辟一个经济交流空间。

2. 民间组织层面

一是以"经济能人"的办公室、工作室为交流根据地，同行之间对市场发展动向、产品转型升级、客户销售渠道与维护等话题进行讨论，扭转了以往单打独斗或是在田间地头进行交流的现象。二是以村委活动广场为中心，由部分村民牵头成立了广场舞草根团队，成员们遵循自愿自由原则，在固定时间到村委汇集一起跳广场舞。三是以宗族为纽带，成立宗族理事会管理宗族事务，村民们十分重视家族抱团发展，维护与协调族内外人际关系、成立家族助学基金。

（三）精神层面

村民作为社会性存在物，在社会发展中不仅有物质上的需求，更在其活动的乡村区域内对精神文化具有需求。人的物质需求的满足是精神文化需求发展变化的基础，而人的精神文化需求的满足与提升反过来又会促进村民构建新的具有物质与精神结合的公共空间。

村民思想文化需求的满足，是以社会主义核心价值观为主，围绕本土民俗节日蕴含的民族文化精神开展的。社会主义核心价值观是贯穿我国社会及社会发展的精神动力，乡村新公共空间构建需要坚持以社会主义核心价值观为核心，保持城乡核心价值观与精神动力一致性，才能实现新公共空间最优化。本土民俗节日为增强乡村凝聚力、传承民族文化提供了积极作用，他们常以供奉神灵的方式，祈求风调雨顺、人丁兴旺，寻求自己内心世界的平和，寄托对美好生活的向往。乡村精神层面的需求与发展并不是一成不变的，如钦州地区"岭头节"作为当地的重大节日，原先会举行"跳岭头"等仪式，是融祭祀、戏曲、舞蹈为一体的民俗表演，目前转变为以家庭聚会为主进行丰收宴请活动，该节日意涵原为庆祝本年丰收、祈祷来年收获，在新的公共空间发展历程中精神需求已有重大转变，如今过节目的在于有助于凝结团聚力，增进认同感。

公共精神培育重点在于培育农民的公平正义感、公共理性、村庄责任感及团结协作意识等方面。汉塘村委村规民约的制定能将社会秩序、行为规范内化于农民心中，激发村民的主人翁意识，在改善村容村貌、提高村民质量、提升村民精神水平、构建新公共空间等方面具有重要影响。

二、新规则：从集体主义转向私人生活

（一）生产规则

1. 以村"两委"为中心对乡村建设总体发展进行规划

政府作为国家公共行政权力的象征、承载体和实际行为体，是乡村建设发展、生产规则的主导者。尚未发展电商产业经济前，汉塘村是一个传统的以农耕为生产生活的村落，辅以农闲时外出务工，"在家农民"多为老、妇、幼，对村委的帮助依赖性强，生产以集体为单位进行。苗木电商产业发展进入繁荣期，村内七成以上家庭均有外出务工青年返乡创业，他们带来全新的经营理念和方法，也推动着苗木产业升级和村庄内部规则更新。如由村委会主导，电商大户牵头成立了水果生产流通协会、果苗技术培育和电商运营技术培训等，以官方渠道开展教学与交流活动。但汉塘村村民对经济生产以外的某些公共事务参与度不高，这也是村委进行规则制定、实施的一大阻力。汉塘村时任副支书说村子里愿意每月出 6000 元（由村委牵头，每家每人一年出 15 元再加上村委出资共同构成）请专门的人负责村里的垃圾处理工作，用车将垃圾拉到武利镇进行集中处理，但是没有人愿意承担这份工作。如生产与生活垃圾长期混乱，清扫工作无人打理、无效开展，是影响汉塘村建设美丽乡村的一大因素。

2. 以村庄队组为次中心的生产合作

一般是由大户在其中进行联络促进合作，如大户的田间管理与销售需求，主要根据与自己关系好坏或者血缘关系远近，在村中选择不同的农户进行合作，如聘请关系较好的打工队成员为自己提供田间管理和起苗装车服务，向与自己关系

较好的农户购买苗木补齐自身订单等。小队的合作也开始采取市场化模式，一是产品买卖，通过比对市场价格在小队合作中以内部价格进行流通；二是劳动力商品化，工人的劳动报酬已经按照市场标准执行，如果是自身亲戚有时还需要适当补贴一点。很多大户选择劳务购买的对象多为本小组或本村关系较近的人，这种选择范围受到村内社会关系制约。如在汉塘村中，某苗木基地里聘请的除草临时工人工资为 90 元 / 天；快递打包临时工工资为 100 ~ 120 元不等。临时工淡旺季的价格有波动，且在旺季雇佣较为困难。

3. 以村民个人为核心的私人生活要求

地区、收入、理念各异的农民在不同的社会发展阶段，具有不一样的生产规则要求，这是因为主体的人与客体的对象之间的互动形式是丰富多彩的。产业新发展逐渐瓦解了集体生产模式，个人及小家庭作坊兴起，私人住宅成为电商接单、包装的地方，承载着生活、生产的作用。在家庭生产方面需要对个人生活环境进行提升，如在家中安装防火设施、防盗设施，购买打单机等，在厂房或生产过程中依据个人产业情况进行规则制定，生产规则向私人生活转变。

（二）文化娱乐规则

一是以村中心广场舞为娱乐主要方式，在活动中松散自愿。结束一天的忙碌，晚上便是村民们的文化娱乐时间。村舞台的建成为广场舞草根团队和棋牌游戏提供了开展活动的场所。广场舞草根团队没有特定的管理者、没有明确的规章、没有特定的成员也没有固定的活动开展时间。晚饭后，不管是青年人、中老年人，谁有闲暇、有兴趣便可到村舞台转转，聚集的人数差不多便可开始跳舞、下棋、打牌。

二是小队次中心的日常交往互动。各小队由于分布范围、宗族等因素，是村落里交往最为密切的群体。晚饭后邻里间常相互串门谈谈最近的生产情况或家里的琐事来调节一天的紧张状态，或是各小队组织一起看看视频。这样一方面可达到文化娱人的目的，丰富村民的精神世界；另一方面也增进邻里间的交往，促进相互理解和沟通。

第五节 动力机制：村落文化与公共空间变迁的逻辑

动力机制又称为动因，在经济学来看，经济主体的动力机制就在于实现利益的最大化，通过剖析经济主体获得利益最大化的驱动作用，进而分析城乡之间沟通渠道顺畅、青年消费群体观念改变、村内"面子"竞争频繁等经济现象的发生，推动村落文化与公共空间在乡土传统基础上的变迁，城乡之间优化融合发展。

一、村民经济能力提升是基础

在市场机遇和个人能力的双重推动下，汉塘村电商产业创业者获得较以农耕为主的经济生产方式更高的收入，为消费升级提供基础条件，推动城乡新文化的融合，合理改造乡村公共空间。经济能力提升是消费基础和消费动力，村民们"钱袋子"鼓起来，消费潜力不断得到释放，通过商品双向流通与资本向外部市场投入等方式缩小城乡差距。一是通过快递物流，由汉塘村向外部消费市场运送苗木，在市场经济体制机制影响下，必须时刻掌握市场需求，关注外部动态与消费者社会环境和社会文化，无形中影响了村落产业选择与路径，创业者文化素质与观念得到转变；二是通过购买城市工业品，接收来自城市消费习惯与文化的影响；三是通过在村庄里新建房屋，改变居住格局，抑或是在乡镇、县市购买商品房，扩大村民可居住范围，促进汉塘村与城市公共空间的磨合融合；四是通过对外部区域进行考察并寻找新的产品可输入市场，在跑市场、找客户的过程中接收来自他人的文化体系影响，同时促使其所涉公共空间延伸至更远的外部；五是在提高经济收入方式的过程中，学习城市产业规划管理方式，投入经济成本用于雇佣一定劳动力帮助产品生产与运输；六是通过参加国内外各农业创业大赛等方式，加强与政府、企业、市场的联系，把本土产品价值向外传播并吸收来自各方的建议，既在交流中提高自身文化素养，同时也能拥有良好人际关系，扩大关系网络和朋友圈子，将交往活动范围辐射到社会中的各个行业和各个领域。

二、城乡之间密切联系是纽带

农村区域在市场发展和竞争中拥有巨大潜力，一旦挖掘到契合的市场需求，便能催生出持久而强有力的增长点。以互联网推动的新兴产业实现了商品的"上行下沉"，乡村的发展以城市为导向，而城市的发展依靠来自乡村的深厚基础与广阔市场，城乡之间密切联系、相辅相成，突破城乡之间文化、空间的壁垒与限制。汉塘村在基础设施、生产需求、乡村社会环境、乡村社会服务体系等方面因产业发展而不断提升，逐步缩小城乡差距，不断推进城乡一体化。

在基础设施上，建立项目库计划，在村落中借鉴城市发展经验进行路灯安装、道路硬化，另外还建成集群众健身、休闲、党建宣传、村务公开为一体的综合性文体活动中心，建成村级文化活动室、农村党员远程教育网络等，方便群众学习并丰富文化生活。

在生产需求方面，一是电商产业物流配送机制中城乡之间物流网不断完善，村内引入各个物流公司入驻，以城市为中间节点，一方面可以将苗木运输到城市物流中心实现货物转运，另一方面也将城市的工业品运输到农村，实现了"工业品下乡"和"农产品进城"的双向流通。二是扩大通信工程建设范围，确保网络及流量的畅通，便于汉塘村苗木电商产业在市场中增加份额。

在乡村社会环境改善方面，以《实施乡村振兴战略扎实推进美丽乡村建设专项行动计划（2018—2020年）》为依据，稳抓乡村清洁建设，安排专人负责乡村清洁工作，村委、群众和学校共同组织群众集中整治环境卫生，清理村中卫生死角，督促保洁员抓好村中垃圾清运工作，保证村中环境卫生清洁。

乡村社会服务体系方面，一是教育教学重视程度有所提高，村落设置有汉塘村小学及其附属幼儿园，近年来还开办私立幼儿园，配套有校车接送服务。二是乡村医疗和卫生防疫条件较为健全，村落设置有药品店，其负责接收镇上卫生院所发的通知，协助镇上的卫生院开展疫苗接种和疾病防御的宣传工作。在日常的生活中，会给村中的居民售卖感冒、腹泻等较为常见的药品，提供艾灸和拔罐等保健服务。三是法律服务上，村内设有专人负责村内法律咨询与援助，如调解村内土地纠纷、家庭矛盾、用水矛盾，等等。

三、青年群体消费升级是触点

青年群体消费观念转变与消费能力提升带动村落消费整体转变，是村落文化发生变化的触点。在乡村振兴战略加快实施这个大背景下，农村地区的商品流通基础设施得到进一步提升，青年人抓住移动互联网、宽带的普及和解决"最后一公里"问题这个契机，在村落发展起农村电商，依托政策红利，乡村电商不断壮大。据乡镇数据统计，截至 2021 年，全村农民人均纯收入达 15367 元。

在村民"钱袋子"鼓起来的前提下，人们消费意愿增强，消费观念更新，加上互联网的普及和快递物流的入驻，人们的消费模式发生转变，这些变化在青年群体中表现得更为明显。在消费意愿上，以教育支出为例，村民很愿意为教育付费，村落里的青年十分重视儿童基础教育。部分电商户会在城镇购买商品房后送小孩到教育资源更好的地方接受教育，还有些电商户愿意花费数千元到上万元学费给孩子报兴趣班。

在消费观念上，年轻人消费观表现为即时消费，超前消费行为增加，他们会购买高端产品或是对新兴产品跟风购买，以改善生活条件、改善生活质量、提高个人品位与价值。

在消费模式上，随着互联网技术的发展和电商平台的普及，消费更加便捷，年轻人足不出户就可下单，快递可以送到家，极大程度上满足了其"宅在家"的生活消费需求。在年轻人的影响和带动下，部分老人也开始尝试网购。

四、村内"面子竞争"是推手

"面子"是一种互惠性人情，具有社会评价功能，在很大程度上代表着社会地位和社会声望，在乡村社会中如同一种通用性货币。村落常见的面子竞争主要表现在经济资本扩大后的村民为了谋求乡村社会地位的提升，为了获得乡村场域内人们的尊重，会涌现出各种展现自己成果的信号。

青年人之间的"面子竞争"主要是表现在吃穿住行及个人的交际能力和公共事务参与方面。还在接受教育的青年人之间的"面子竞争"多表现在院校知名度上，如能否考上 985、211 大学或省重点大学。已外出务工的青年人之间的竞争较为激烈，既表现在吃穿住行，又在交际能力和公共事务管理方面有所体现。最后，参与公共事务管理的程度也存在着竞争。村庄公共事务是否受邀请、能否话事、投入多少钱物精力，都会对"面子"产生影响。一个是互助，比如帮忙办理红白喜事、调解邻里纠纷、参与公共工程建设等，态度是否积极、处事是否公道成为重要评价标准；另一个是捐款，如在修路、修路灯、修水渠、捐资助学、请师公班跳"傩戏"等公共项目中，能否出资及出资多少成为是否"有面子"的重要基础。

中老年人之间的"面子竞争"多受传统思想影响，即三个"子"——"妻子、儿子、房子"。三个"子"成了毕生追求，老的时候这也是中老年人的"面子竞争"内容，大致表现为家里人丁兴旺、子女学业有成，家里的房子宽敞高大、装修豪华。

中老年与青年之间的面子竞争主要表现就是一部分中老年通过木材买卖、承包果园、承包村里的鱼塘等途径致富后，也开始与自己关系较为亲密的子侄辈展开一定的"面子竞争"，主要是在住房、吃穿用度和村落公共事务管理上比拼。这其中最显眼的就是住房规模，以及吃穿用度的日常消费。同时，中老年也会积极通过参与、主持宗族理事会等方式，在村庄公益事务上与青年展开竞争。

小结：人的转变与新村落文化

在电商经济这种线上交易方式带动下，村民与外界的生产联系得以强化，村落苗木产业的市场规模不断扩大，村民"钱袋子"鼓起来，消费意愿、消费观念、消费模式以及消费结构等方面提升。人们开始注重高品质和发展享受型商品消费，消费方式也由线下接触性实物消费逐渐转向互联网消费。消费对村落经济行为与观念的重塑，影响了村落的景观文化、物质文化、行为文化。而消费空间的上移和城镇消费品下移，使得村落公共空间更加开放、丰富，进一步向现代文化行为靠拢，在一定程度上变成一个以青年人为主体的新公共空间。

村落建设参与主体的接替变化、村落文化整体向城镇文化的转变、人的消费观念以及消费方式趋于现代化的转变构成了一个新的村落风貌。农村居民消费升级受乡土传统文化的影响，表现出代际差异等特征，而"在家农民"主要劳动力比例上升，特别是中青年群体的人数较往年增多，也会对村庄整体消费、环境改造、产业升级及其话语权力转移有不可忽视的影响。在器物方面，乡村出现了汽车等工业品、现代化的健身器材，高档日用品增加，生活质量朝品质化发展。在规则方面，人际交往由血缘、亲缘向业缘发展，由原先的以道德为前提到如今的以经济发展为目的，农耕互助活动减少，交往多与电商产业及其村集体建设相关。村落的宗族意识加强，体现在汉塘村苗木电商产业发展初期以宗族为单位进行带动创业，形成具有特殊性的乡村产业发展规模。乡村企业家的出现，宗族力量和业缘群体突显，使得乡村的经济生产、文化交往、公共事务管理出现了多元影响因素。在民族信仰方面，随着生产方式的调整和现代信息的传递，人们减少了对鬼神的崇拜和信仰，而将传统民俗活动、宗教仪式赋予了新的涵义。

新村落文化总体而言是传统村落文化与城镇文化进行融合并不断调整直至完成整体变迁的过程。在景观方面，村落整体布局形成"一核多点"的局面，高层房屋以及硬化道路出现是仿城市化的转变，耕地也由原先的生产水稻为主转向苗木果园专业集约化生产，对应的乡村传统文化向新乡村文化体系转型。在组织方面，乡村会出现各种生产、娱乐、文化、宗族等领域组织，人们的交往联系日益密切。在精神方面，人们会借助传统民俗、传统文化、现代文化进一步丰富精神世界。但随着市场化发展，个人主义和利己主义出现，人际交往更加市场化，互助活动减少，出现公私领域划分，人们对于村务管理也较为冷漠。

返乡创业也成为汉塘村苗木电商产业发展带来的一种新的村落文化。关于大学生返乡创业发展，首先需要政府多加宣传，创建良好的社会舆论环境，改变乡村传统思想，引导更多的大学生投入乡村振兴战略中；其次需要国家的政策支持来吸引大学生返乡，如住房安家政策、社会保障、五险一金等；第三是需要发展乡村事业留住大学生，设置金融贷款、创业基金等，需要村委会的支持；最后，高校适当引导，大学生个人则需要树立正确的就业观，并积极投身于乡村振兴事业中。

第八章

混合治理、组织再造与村落公共秩序

第一节　电商经济与混合治理

一、电商经济带来多元治理主体

进入信息时代以来，随着网络的迅速发展与普及，催生了一批新型产业快速发展，也推动了传统村落的转型升级。以"淘宝村"为代表的农村电商产业是目前我国农村社会最具发展活力的新产业、新业态的集中代表，在促进农村产业融合、促进就业、推动共同富裕等方面发挥了重要作用。据阿里研究院统计，从

图 8-1　2013—2020 年中国淘宝村数量柱状图

混合治理、组织再造与村落公共秩序

2013—2020 年，中国淘宝村数量从 13 个达到 5425 个之多。[①]"淘宝村"的发展，是当今我国农村电商产业的真实写照。汉塘村的电商发展，正是乘上了信息时代发展的顺风车。

汉塘村苗木电商产业发展起来以后，围绕产业链形成的各方主体进入村落，对村落治理产生影响。尤其是在不同主体的互动过程中，村委会的原有组织得以强化，水果苗木协会、合作社等新型社会组织陆续形成，共同推动村落公共秩序的维系。

随着汉塘村苗木电商产业的繁荣与发展，以苗木产业为核心的产业链上下游逐渐形成多元主体的互动格局，这些主体来自产业链各个环节，在参与产业发展的过程中逐渐进入村落，主要可划分为政府和市场两大基本部分。

政府类组织主体一直作为社会基础治理主体存在于乡村治理当中，依托村"两委"为治理核心，从而实现对村落的统筹协调管理，相对更具稳定性。纵观汉塘村苗木电商产业链的发展过程，政府扮演着引导者的角色，通过对汉塘村苗木基地建设实行免租金三年、建立电商培训班以及完善基地相关基础设施等政策，为该村苗木电商产业发展提供指导、支持和保障。同时，也注重发挥村"两委"在苗木电商产业链中对各方主体关系协调以及提供公共服务的作用。

汉塘村的电商经济经由长期发展已然融入了本村生产生活的脉络肌理，电商经济与市场血脉相连的特性，为汉塘村的治理注入了新生的活力，催生了更多的村落治理主体。以乡镇政府指导成立的水果苗木电商协会为代表，这类新型的治理主体应村内苗木电商经济的发展需要而生，通过产业链内在的经济关系实现对村内社会关系的调整，从而达到维护村落公共秩序的效果。作为具有私人权力性的新生组织，它们最突出的特征便是以经济能力为新的权力核心触动该村传统的权威结构，进而推动村落社会关系的调整与村落社会规则的重构。

---

① 阿里研究院：《2020 中国淘宝村研究报告：1% 的改变，1 万亿 GMV 报告》，http://www.aliresearch.com/ch/information/informationdetails?articleCode=126860487966199808&type=%E--6%96%B0%E9%97%BB，访问日期：2020 年 10 月 20 日。

市场类治理主体则是通过产业链进入村内，以企业、电商经营大户和各类村级组织为主，推动村内治理主体走向多元化，在其发展壮大的过程中与村内原有政府类治理主体共同构成了多元治理结构，促使汉塘村治理结构正由村"两委"共治走向"多元治理主体"共建模式。

二、围绕产业链的混合治理

全球产业治理是一个由多元治理主体包括私人和国家行为体构建的混合治理（Hybrid Governance）体系，在该体系中，跨国公司、利益相关者与国家行为体以各种方式相互影响、相互依赖，履行着对产业关系中由于跨越国界而导致的复杂性与不确定性的行为规范、行动约束功能。在此意义上，"国家—私人"治理这种混合形式中应被关注的问题是国家和私人如何相互作用和重新配置。在研究产业治理相关议题的过程中，国家在全球产业治理中的力量不应被忽略，国家与私人治理在全球产业动态演进中的相互影响值得更为广泛的关注。简而言之，混合治理是一种国家主体和私人主体相互作用进而影响产业生产行为的管理模式。

苗木电商产业涉及种植、包装、销售、运输等多个环节，显而易见的是，不同环节的参与主体也有所不同，因而其在汉塘村的治理体系中所涉及的治理内容和形式也就不同，其对本村治理所产生的作用广度和深度也参差各异。在汉塘村苗木电商产业发展过程中，应产业发展的需要，相继催生了水果苗木电商协会、村内专业打工队伍、宗族理事会、广场舞团队以及乡村厨师班子等新型组织主体，通过产业链的各个环节嵌入到原有的单一村落治理秩序中，搭建形成了村内现有的治理网络。

汉塘村现有治理模式的转型即是从单一的村委会主体转变成了围绕苗木电商产业链的多元主体共治的模式，即上述混合治理模式。在这一新型村落治理体系中，多方治理主体围绕产业链循环生成新的权力配置，逐渐成为该村维护村落社会关系稳定、产业秩序和谐的重要依据。

三、混合治理与村落新秩序

汉塘村电商产业的发展为该村带来了巨大的经济效益，引发了村内基层社会关系的调整。基于苗木电商产业规模扩大与上下游产业链条的不断完善，汉塘村内形成了新的产业治理需求，促使汉塘村进入混合治理时代，这种混合治理的趋势不仅体现在产业生产领域，也逐渐向村落社会文化领域扩展。

混合治理模式不仅丰富了村落治理主体、拓展了村落治理方式，还构建了村落治理新秩序。想要实现混合治理，必然要求多方治理主体共同参与到村落治理体系当中。以水果苗木电商、宗族理事会等新型主体为例，这些主体基于业缘和血缘关系的拓展与巩固，进入汉塘村以村"两委"为核心的治理网络对村内公共秩序进行共治。

案例 8-1

L 是一个边缘户家庭的男孩子，即将到上学的年纪。由于父亲患有慢性疾病，母亲离开家庭出走，导致家里没有直接经济来源，即使村委和学校帮忙办了低保，够维持其家庭基本生活。但由于其父母未领结婚证导致 L 的户籍、学籍出现问题，加之母亲出走、父亲无实际能力监护抚养的情况，使 L 的上学之路充满坎坷。汉塘村小学在知悉其具体情况后联系了村委和 L 氏家族的族长，最终得以解决其学籍问题，并通过捐款的方式来资助 L 进入学校读书学习。

上述案例中男孩的上学之事涉及村委、学校、家族多个主体共同协作。汉塘村复杂的基层关系相应的必须以多方主体相互协作为治理前提。与以往单一的村委治理相比，多元主体治理的方式显然更具针对性。汉塘村在这些治理主体的相互作用之下形成了村内治理的新秩序。

此外，苗木电商产业的发展切实提高了村民们的生活水平，村民们对美好生活的向往从单一的物质需求逐渐走向对多元文化生活的追求。在这一需求导向的推动下，村民们对村内实行混合治理、构建新的公共秩序提出新的要求。

第二节　混合治理：村落治理新形态的生成与场景

汉塘村在苗木电商产业发展基础上，引入多元主体参与村落治理，形成了一种混合治理模式。这种模式的生成，是在村落既有组织基础和村落规则基础上，借助产业生产充分吸纳外来力量参与的结果。

一、治理演进历程

2008—2011 年，随着汉塘村"电商达人"HZW 通过电商销售苗木挣到"第一桶金"，汉塘村的苗木电商初步兴起。起步阶段的汉塘村苗木电商主要集中在"阿里巴巴""淘宝"等电商平台，由于当时全国苗木的电商市场尚属空白，因此市场需求大，汉塘村的苗木电商面临市场竞争压力较小，且相关监管尚不规范，因此苗木电商产业处于野蛮生长、自生秩序状态。在此过程中众苗木电商面对的治理主体主要是工商、税收等部门，治理方式以管理个体户注册和税收等传统经营管理为主。

2012—2016 年，由于汉塘村苗木电商产业规模的逐渐扩大，邻近村落的跟从者不断增加。在电商平台的选择方面，由于"淘宝"竞争加剧，后起之秀纷纷选择转战"京东""惠农网""一亩田""拼多多"等新兴电商平台。在此过程中，由于村中土地资源日趋紧张，村委会作为村内的传统治理主体，开始规范村内土地使用行为。而且为了帮助更多村民也能够通过苗木电商渠道发家致富，村委会通过联络电商大户与县里的苗木种植专家，帮助村民注册个体户和进行电商操作与苗木种植培训；汉塘村苗木电商产业的繁荣发展也逐渐引起上级部门的重视，乡镇政府也参与到汉塘村的治理过程中，通过优化道路、网络、用电等基础设施，引导快递、金融服务进村，为汉塘村的苗木电商产业进一步做大做强打下了坚实的基础设施与公共服务基础；而工商部门则不断扩展业务范

围，完善业务流程，为汉塘村的苗木电商提供了处理网上交易纠纷、规范经营
行为的监管服务。

2016 年至今，随着苗木电商市场逐渐发育成熟，汉塘村苗木电商的内部竞
争进一步加剧。在乡镇政府的指导下，当地成立水果苗木电商协会，组织苗木电
商开展经营行为自律行动，使苗木电商的经营活动得以进一步规范化。村"两
委"也开展软弱涣散村组织整顿，进一步完善组织架构、规范治理方式、调整工
资福利、设置专职坐班人员，以更好地服务于汉塘村苗木产业的发展。同时，村
内组织成立专业打工队，通过为经营大户在农忙季节提供田间管理等劳务服务，
让更多不直接参与苗木产业的农户享受到了苗木电商产业发展带来的经济利益，
提升了农户的收入水平。而广场舞团队的成立，为汉塘村农户提供了更丰富的娱
乐渠道与情感沟通平台，在帮助农户强身健体的同时，也满足了农户日益旺盛的
娱乐与情感需求。随着村内青壮年劳动力纷纷回乡创业，汉塘村出现"逆空心
化"的趋势，在村内大户的主导下，各大姓纷纷成立宗族理事会，重新以宗族的
形式将农户组织起来，以开展宗族互助活动的形式，实现宗亲间的经济、生活互
助，包括联络苗木销售渠道、组织共同祭祖、奖励族内后进读书深造，等等。

二、治理场景：内容与方式

（一）线上治理

电商平台、网络管理部门、电商大户等围绕网上交易，进行信息共享、线
上规则制定与履行，以及线上纠纷的处理。由于各治理主体的诉求和职责有所差
异，相关治理内容和治理方式都不一样。

1. 电商平台对商户的治理

汉塘村电商大部分是小作坊经营，由于规模小、投入资金少，大部分商户管
理采用的是"自营式"，即不委托第三方进行销售而是商户、平台与客户间的直
接沟通与交流，因此平台既是商家与消费者之间沟通的"桥梁"，同时也扮演着
两者间发生纠纷时"裁判者"的角色。

在此基础上，电商平台对商户的治理集中体现在三方面：一是入驻前的资格审查和合约签订，在此过程中电商平台对商户入驻的资质水平进行筛选，同时以正式的合约规范商户与平台间的权责关系，以保证平台内的交易规范，不同平台对商户要求各异，如"拼多多"等平台不要求商户缴纳保障金，减少了商户的前期投入；二是在经营过程中的监管，由于电商平台往往对平台内的交易行为承担连带责任，因此大多数平台会对商户销售假冒伪劣产品的行为予以监管，尽管没有执法权力，但可以通过封禁账号等处罚措施并对商户违反相关法律法规以及违背平台交易规则的行为进行打击；三是售后对商户以及消费者之间产生争议的调解和处理，电商平台作为线上交易规则的制定者与维护者，有义务保证平台商户与消费者的合法权益，维持平台交易规则的稳定运行。

2. 网络监管部门的治理

需求决定市场，为了扩大其用户范围、提高用户黏性，一些电商平台会对用户提供不同优惠政策，导致在商户与消费者发生冲突时更偏向于消费者，甚至损害商户权利。而网络监管部门就是利用国家赋予的网络执法权力，通过法律等手段强制性加强监管，从而平衡各方利益，防止平台对商户的打压，同时规范商户交易行为。2021年3月15日，由国家市场监督管理总局制定出台的《网络交易监督管理办法》（以下简称"《办法》"）正式发布。该《办法》是贯彻落实《电子商务法》的重要部门规章，对《电子商务法》相关法律规定进行了细化与完善，从规范交易行为、压实平台主体责任、保障消费权益等多个方面进行了具体的规定。其次，网络监管平台也会对商户之间、商户与平台之间的矛盾利用网络进行调解，敦促各方达成一致。

3. 电商大户通过网络定价、信息共享对电商产业的治理

电商大户的治理是基于其市场份额以及市场地位决定的。汉塘村电商的大多苗木相关产业从业农户由于通过电商平台进行销售，所以其价格、信息等必然受到网络电商大户的影响，因此必须通过积极调整自身产品定价、提供优质服务、保证产品质量等方式在果苗电商市场获得一定的市场份额，取得相对竞

争力。因此，电商大户一定程度上发挥了"鲶鱼效应"①，推动了苗木电商市场的优化与资源整合，从而利好消费者，保证了电商平台的良性竞争，实现对电商产业的间接治理。

（二）线下治理

线下治理首先体现在政府的治理。政府是乡村治理的主要负责者和执行者，承担着乡村治理的具体任务。当前国家积极推动乡村振兴战略的基层落实，政府更是承担着招商引资等明确化、指标化的政治任务。以目前"资本下乡"为例，政府必须通过明确相关政策法规来规范相关主体的金融运作。从这方面来讲，政府的治理客体也不仅局限在电商行业，而是对整个区域的相关企业发挥治理职能。而且这种治理也体现在基础设施的建设方面。随着汉塘村电商发展初具规模，乡镇政府不断完善当地的基础设施建设与提供公共服务，为其提供优化道路、网络、用电等基础设施，并积极引导快递、金融服务进村，满足产业发展日益增加的公共服务需求。

村委会是村民自我管理、自我教育、自我服务的基层群众自治组织。对内主要是负责村内各项事务的合作、村民纠纷的调解以及村内各项事务的牵头与管理工作；对外主要是完成上级政府下达的政策和任务，以及维护本村的共同利益。随着汉塘村果苗电商规模的日益扩大，村委会着手规范村内土地使用，有效缓解了村内因土地产权争执出现的纠纷，同时也积极联络相关部门帮助村民注册个体户，并邀请县里电商行业专业人员与苗木种植技术人员对农户进行电商操作培训，助力其扩大生产规模以及规范化生产。自2015年至今，在汉塘村村委会组织带领下，汉塘村每年至少举办两期果苗电商培训班，邀请市、县级农业专家为本村和周边村的贫困户和其他农户开展果苗技术培育和电商运营技术培训，受益

---

① 鲶鱼效应：原指鲶鱼在搅动小鱼生存环境的同时，也激活了小鱼的求生能力。该概念多用来形容竞争性经济现象，指采取一种手段或措施，刺激一些企业活跃起来投入到市场中积极参与竞争，从而激活市场中的同行业企业。

人数达 1000 余人次。

村内大户也是村落治理的重要主体，能够对产业发展起到引领作用，从而带动村落经济发展。村内大户对村落发展的治理基于其在村中的较大经济影响力。由于其生产规模较大，占据市场份额多，相对而言抗风险能力更强。随着村内大户的经营能力提升，对周边农户形成了带头示范作用，吸引在外务工的农户积极返乡就业，带动村民效仿，从而引领村级产业发展，为村落发展注入活力，带动其他农户走向共同富裕。在此前提下，村落经济的发展为村内提供更多就业岗位，并促进配套产业的发展以及基础设施的建设与完善。在村民收入不断提高的前景下，有效防止了偷盗、抢劫等恶性事件的发生，客观改善了村内治安环境，从而形成一种良性循环。

案例 8-2

农户 T，1988 年出生，其父母务农，初中毕业他随家人外出打工。2016 年，随着汉塘村电商发展初具规模，在同村电商大户 HZW 带动下 T 决定返乡创业，经营电商。他从其他村民的育苗基地中学习到了嫁接、搭建大棚、果苗管理等技术。如今 T 已建立起育苗基地两亩，以种植百香果苗为主，并建立起了自己的电商店面，拥有了较为固定的客源。他表示，自己每年旺季会雇佣工人，当前收入较为稳定。

在汉塘村苗木电商产业初步发挥规模效应后，许多在外务工的青壮年劳动力在村落大户带领下返乡就业、创业，劳动力的回流为汉塘村乡村振兴的具体落实提供了动力来源。在此过程中，苗木电商产业的发展为农户带来了经济收入来源，提高了农户的生活水平。同时也将本不从事苗木生产的无技术、无资金、无人脉的农户吸纳进产业发展中，为农户提供了充足的就业岗位，从而减少了偷盗等社会问题的出现。

此外，村落组织也是从各个领域，积极参与到村落治理过程中，成为村落治理的主体。村落组织包括官方推动组建的组织以及民间自发创建的组织两大部分，例如水果苗木电商协会、专业打工队等，大多是有着共同利益的团体聚集起来以沟通信息、合作互助的形式维护自身的利益。村落组织由于其组织架构较为松散，且多为行会性质，大多不具备强制性，本质是农户间非核心生产资料的自我分配过程，只有通过其自身经济方面影响力对乡政府、村委会等治理主体施加压力，才能实现对自身利益的维护。

第三节　组织再造：村落治理需求与新型组织主体

在产业治理的需求推动下，村内新型组织主体类型有所升级，新型组织主体的形成从产业领域逐步向村落的社会文化领域扩展，形成更为多元的混合治理场景。

一、组织形态与社会基础

（一）政治组织

村"两委"作为汉塘村村民们实现共建共治共享的基层治理组织，由村民依法选举产生，对本村公共事务的管理得到乡镇政府认可和授权。在汉塘村苗木电商产业发展过程中，村"两委"扮演着乡镇政府助手的角色，实现村民发展需求与政府政策的对接。在汉塘村苗木电商产业的发展过程中，通过帮助从业农户提供办理相关资质手续、提供公共卫生、基础设施以及协调农户生产生活纠纷等服务，实现对村落的治理。近年来，汉塘村在经过软弱涣散村"两委"整顿工作后，设置专职坐班人员，并对村"两委"成员工资福利进行规范，以制度建设的不断完善推动村委会组织更加成熟、规范。

（二）经济组织

1. 水果苗木电商协会

随着汉塘村苗木电商产业的发展，产业内部竞争日益激烈。为引导苗木电商产业更为健康有序的发展，在乡镇政府的指导下，汉塘村成立水果电商协会。协会本质是从业农户间沟通信息、合作互助的行业组织。市场行情瞬息万变，且苗木作为产品生产周期较长，一旦投入种植就不能轻易改变生产方向。农户只有及时掌握当前市场各类苗木的价格波动，才能在生产过程中掌握主动权，避免盲目跟风。因此水果苗木电商协会通过输出行业技术、规范等途径为产业提供治理依据，引导农户精准对接市场需求。

2. 村内专业打工队伍

村内围绕苗木电商产业而产生的专业打工队是顺应苗木电商产业日益精细化、专业化的分工趋势而形成的务工组织。根据其务工周期可划分为长期工和临时工两类群体。其中，长期工以掌握一定苗木、电商知识的返乡就业青年群体为主，由于缺乏资金与人脉，返乡后计划从事苗木电商产业的青年通常选择以就业的形式参与产业生产过程中，积累经验、资金与人脉为自身创业做好准备，属于过渡性就业。而临时工主要由周边村镇30～50岁的女性群体构成，多为已婚、已生育妇女。由于苗木生产与销售具有明显的淡旺季特征，以家庭为单位生产的农户的劳动力在旺季明显不足，因此这些妇女群体能够利用空闲时间为从业农户提供田间管理等劳务服务，以此为家庭换取额外收入。

（三）宗族组织

汉塘村苗木电商产业的发展，一方面带动了村落经济水平的提升，另一方面也造就了一批有文化、有技术的"文化苗农"。在完成产业的不断发展之余，在"文化苗农"的主导下，汉塘村各大姓纷纷成立了宗族理事会，以血缘关系为纽带，主要用于开展宗族互助活动，如共享苗木销售渠道、共同祭祖、奖励后进读学等。这种新生的宗族组织作为新生权威与传统权威相结合的产物，将客家传统的宗族文化与当地的产业发展相结合，以宗族内互助的形式，增强宗族的凝聚力，实现村民的自我治理，对维持村落秩序具有特殊价值。

（四）文化组织

1. 广场舞团队

随着生活水平得到提升，汉塘村农户的家庭生活需求也从谋求生存更多地转向对家庭发展的追求，注重对精神文化生活的丰富。在这种文化精神需求的推动下，形成了以趣缘关系为纽带的村落组织，以村民自发成立的广场舞团队为例。广场舞是 21 世纪以来，遍布我国各地的一种民众喜闻乐见的文化娱乐形式，其背后的成因在于民众对娱乐性的社交活动的需求与个人魅力表达的彰显，因此广场舞这种充分整合社会交际与个人表达需求的活动，成为一道中国特色的群众生活风景线。汉塘村村民通过广场舞团队相互连接，以歌曲、舞蹈的形式体验集体的凝聚感与个人魅力的展演，完成日常生活与流行文化的对话，形成一种无秩序的去结构化空间的建构。一方面愉悦了村民们的精神世界，另一方面也满足了村民对集体归属感的需求，增强了村落的凝聚力，以情感沟通降低了村落治理成本。

2. 乡村厨师班子

汉塘村作为客家族群聚居村落，地方文化氛围浓厚，除了传统的春节、端午、中秋等传统节日，还有岭头节是村落庆祝丰收，企盼来年顺达的地方特色节日。每逢年节或是"红白事"，汉塘村村民需要走亲访友，联合宗亲张罗"吃席"。这时普通家庭难以胜任这种对组织能力要求较高的事务，于是以办席为专业的厨师班子应运而生。作为应民间节庆、仪礼需求而生的民间组织，厨师班子内部往往有较为明确的分工：经理人往往是由村里有较强组织能力，善于人际交往的人担任；厨师则虽不要求有高超的厨艺，但却要求烹饪干净利落，能够较为高效地完成不同宴席需要的必备菜品；服务人员则多是由经理人或厨师家中的妻子、子女兼职担任。乡村厨师班子走村串社，尤其在年节期间供不应求，满足了村民在生活水平提升后对传统礼俗的文化需求，同时也解放了农户的家庭劳动力，使其更有精力投入产业发展中，从而实现了对苗木产业的间接治理。

二、产业需求与组织生成

一是村落整体公共秩序需求，强化村"两委"班子。村内苗木电商产业的发展必然对村内公共秩序的维护提出了新要求。电商经营的相关资质手续的办理、大量的生产垃圾的处理以及更为复杂化的产业关系与交易纠纷，都是对传统公共秩序管理的挑战。因此能否建立起稳固且有力的协调组织成为了汉塘村苗木电商产业能否持续健康发展的关键。而村"两委"应该成为能够承担起村内公共秩序调整与管理责任的"中间人"。在此前提下，村"两委"为适应苗木电商产业发展需求，不断调整自身治理方式与方法，开展软弱涣散村"两委"整顿活动，从而使其治理能力得到进一步强化。

二是经营秩序和内部竞争的规范化需求，催生水果苗木电商协会。为适应苗木电商产业的发展需要，乡镇政府对以汉塘村及周边村镇指导成立水果苗木电商协会，如武利镇就成立了水果苗木生产流通协会。旨在帮助当地苗木电商之间建立沟通平台，便于农户间信息技术的沟通交流，同时也对农户的电商经营行为和内部竞争进行约束和管理，在政府管理之下形成属于本产业内的行业规范，为当地苗木电商的发展构建良好的市场环境。

三是产业规模扩大后的田间管理和专业生产需求，催生专业打工队。随着村内苗木电商产业规模的逐渐扩大，传统的家庭分工经营模式已然无法满足产业的发展需求，为缓解劳动力的不足，农户以地缘、血缘关系为纽带寻找、对接村中具有一定苗木、电商经营等相关知识的青壮年劳动力，逐渐形成了较为稳定的苗木电商产业打工队伍。

四是产业发展带来的文化生活需求，催生广场舞团队。产业发展带来的生活水平提升使得汉塘村的村民获得了更充足的物质保障，村民转而追求更优质的文化娱乐生活，这是社会发展的必然趋势。但受限于文化娱乐设施的匮乏与村民对文化娱乐活动类型的认知范围，广场舞成为村内拓展人们文化生活水平的首选。

五是宗族情感和归属感需求，催生宗族理事会。汉塘村聚居的大部分村民皆为客家人，传统宗族氛围浓厚。苗木电商产业的发展，促使村内的经济利益关系日益复杂化，农户更需要报团取暖，而基于血缘关系的宗族组织满足了农户的宗族情感和归属感需求，同时也有助于农户维系村内的人际关系网络。于是，在村内电商大户的主导下，汉塘村各大姓建立宗族理事会。通过族内合作互助、信息共享的方式维护宗族成员利益，并对宗族成员形成一定的道德管理与约束作用。

六是生活水平提升和效率考量，催生乡村厨师班子。苗木电商产业的发展对促进当地经济发展的巨大影响毋庸置疑，产业的繁荣与发展极大提升了汉塘村村民的生活水平。因此，对于村内逢年过节的聚餐活动，村民普遍认为传统兄弟妯娌帮工做饭太过繁琐，且饭菜水平参差不一，不如请专人做饭简单省事且味道好。基于此需求，村内逐渐形成了固定的乡村厨师班子。

三、组织规则与村落秩序

汉塘村村落治理的六类组织主体在产业链中居于不同环节，因而不同组织的治理视角的组织视角有所区别，其所代表的利益也存在差别。因此，不同的组织主体对村落秩序的表达诉求存在差异，在维持村落秩序中发挥的功能也不同。

村"两委"作为乡镇政府实施基层治理的助手，在主导村内秩序的过程中相对于其他组织主体而言更具政治性色彩。村"两委"成员负责向村民宣传、讲解政府各项工作的具体政策，并以缔结村规民约的方式对村民个人行为进行依法引导。同时作为村内民事矛盾纠纷的调节者、仲裁者，其在治理中更倾向于通过提供公共服务和建立协调机制的方法，建构村内和谐的公共秩序。

水果苗木电商协会、村内专业打工队伍这两类组织主体是应村内苗木电商发展需求而新生的功能性治理主体。与其他组织主体相比，它们与苗木电商产业发展的关系更为直接。正是立足于产业发展的需要，水果苗木电商协会和专业打工队得以建立。这两类组织一是通过制定行业规章制度，达成行业共识，实现对村内苗木电商产业的治理；二是通过对劳动力的再分配，直接参与产业体系的发展。在这一过程中，该类组织追求在村落中建设更有利于苗木电商产业发展的产业秩序与生产要素的配置机制。

宗族理事会在重视宗族关系的汉塘村中，对调整村内社会关系和重构乡土社会格局具有重要意义。以苗木电商大户为代表的"文化苗农"在村落传统血缘与地缘关系为主导的人际网络基础上主导建立起的宗族组织，通过较强的经济能力协调宗族内各项事务的发展，如以信息沟通的方式共享苗木销售渠道，通过捐赠物资的形式帮助宗族内弱势群体等。因此，经济能力较强的苗木电商大户往往对宗族具有较强的影响力，也凭借对生产资料与资金的掌握在村落治理当中获得了更多话语权。

广场舞团队、乡村厨师班子是产业发展衍生需求的具体体现。在充分满足生存需求的前提下，民众自觉的追求归属感及自我价值实现等更高层次的需求的满足，对文化娱乐生活提出了要求。广场舞团队借助音乐和舞蹈丰富村民的精神体验，厨师班子通过输出美味且具有品质的食物满足村民们对亲友聚餐的体验。因此广场舞团队和厨师班子可以视为汉塘村农户逐步实现其美好生活图景的阶段性产物。

这六大组织主体通过或刚性与软性相结合的组织规则，从政治、经济、文化等多方面覆盖村民的生活场景，构建出和谐有序的村落秩序，从而实现对汉塘村全面且具体的治理过程。

第四节　秩序扩展：从产业秩序到公共秩序

汉塘村的村落秩序建构经历了从产业秩序到公共秩序的扩展过程，其中各方相关治理主体以产业为切入点，逐步渗透到村落公共生活的各个方面。

一、产业秩序

首先，产业秩序的内在追求存在两个指向，即产业链本身和产业中的人。其中产业链本身要追求科学、合理可持续循环，确保产业链的有序运行从而保障产业稳定发展。产业中的人是产业运行的具体载体，是具有经济理性与价值理性的能动主体。在明确产业秩序的两个指向的前提下，正视市场的逐利性，要求治理主体既要加强监管，规范产业生产经营行为，同时也要维护好商户的合法权益。总之，良好的产业秩序即是产业链可持续发展、产业规范化生产经营的充分必要前提。

汉塘村在多年发展过程中已经发育出较为成熟的苗木电商产业链，同时也带动了相关配套产业的发展壮大。在生产环节中，主要以规模划分为规模化生产的大户与以家庭为单位生产的小户两类参与主体。无论是大户还是小户都直接参与苗木的生产过程，只是生产模式有所区别。在市场的实际经营过程中，一个反直觉的现象是电商大户虽然客源多、销售渠道广，却受限于生产成本以及苗木种植基地规模等因素制约，往往不能充分满足市场需求；而小户由于电商平台维持运营成本较高，且自身规模小、数量多、较为分散，反而容易生产过剩导致产品积压。在这种现象的推动下，大户、小户之间通过互联网社交平台，例如"微信群""QQ群"等方式形成产销共同体，逐渐形成"大户主销售、小户主生产"的运营模式。在苗木销售环节中，则主要依赖"淘宝""京东""惠农网"等电商平台销售，平台通过收取推广费、交易提成等方式获益，在对接客户群体后，商户以快递形式打包苗木进行发货，最终运送至消费者手中。

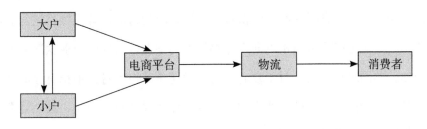

图8-2　汉塘村电商产业链简图

其次，产业秩序的内在构成依据其实现方式的不同可区分为线上秩序以及线下秩序。线上秩序是要以电商平台为基础，包括售前推广、销售中的产品介绍、展示、售后服务等环节方面，维护商户、平台与消费者之间的利益平衡，主要体现在保障商户的合法权益，防止商户间的恶性竞争、利用电商平台进行违法销售、被消费者诈骗等情况的出现，以及消费者售后权益的保障等。

线下秩序更多是集中于生产方面，秩序的维护依赖于政府、村组织以及电商大户间的协同合作。政府为电商产业提供良好的营商环境与政策支持，依法对产业进行监管，打击假冒伪劣产品；村组织则是协调沟通农户间各种纠纷以及对产业发展实施功能性服务；电商大户则是更多出于保护自身与农户间共同利益，自觉维护产业秩序。

案例 8-3

在汉塘村电商产业逐渐发展壮大后，曾有江苏电商来抢占市场，发售没有树叶的假树苗，或者以成本更低的桑树苗代替果苗进行售卖，给汉塘村本地电商口碑以及市场带来一定影响。面对此现象，当地商户通过教客户如何辨别真假果苗，同时以直播、短视频等形式介绍、科普相关知识，引导消费者购买正品、高质量的苗木。后来在当地政府以及监管部门打击处理下，苗木造假现象有所遏制。

汉塘村苗木电商产业出现以造假抢占市场的行为，无疑会给当地产业秩序带来消极影响，如果只顾眼前利益赚快钱，多年苦心营造的口碑无疑将被售假制假消耗殆尽，甚至可能导致苗木电商产业整体性的崩溃。良好的产业秩序需要各方协同合作，共同维护。无论对于政府、村组织还是商户本身，平稳有序的产业秩序永远是发展的前提，身处产业之中的各方主体要保证自身利益，必然需要自觉参与产业链可持续发展的治理之中，谋求苗木电商产业的长远发展。

二、公共秩序

公共秩序旨在确保村落公共生活的有序进行，往往涉及村落公共空间的营造、公共基础设施的建设、公共活动的组织、公共规范的建构，以及公共行为的奖惩等方面。在汉塘村，公共秩序的维护主体主要体现在村委会与宗族理事会等两类组织。相较于宗族理事会，村委会作为国家基层治理机构，职权范围更为广泛，更具权威性，对宗族间、村落间的矛盾调解发挥更为积极的协调作用。

村委会作为村民自治组织，负责整个村落的各项公共事务，如上级政府部门与群众间的对接工作、村落环境的维护、冲突纠纷的处理、村落安全（暑期防溺水、防触电、防火等）的保障工作等。1987 年，全国人大制定并通过了《中华人民共和国村民委员会组织法（试行）》，经过三十余年的发展，村委会已成为基层群众自我管理、自我教育、自我服务的正式组织，既负责规划村落的产业发展方向，也要为产业发展提供基础设施建设等公共服务。

在汉塘村的乡土社会中，村民委员会是乡村治理的落实主体，相对于乡镇政府，村委会更加熟悉和了解村落的实际情况，在发现问题、解决问题时能够立足实际，把握村民心理，能够及时采取较为适当的方式方法，在工作中也更能获得村民的理解和支持，从而保障各项工作的顺利开展和推进。

宗族理事会则是传统宗族组织的现代社会组织形态。在传统社会，乡村治理主要依靠宗族完成，族长实际操控村内的司法与行政实践。随着时代发展与社会进步，宗族在政治话语中逐渐失去了其原有的地位。在城镇化日益加快的社会背景下，青壮年劳动力外出务工导致的乡村"空心化"问题，使宗族组织失去了延续的经济基础，成为延续传统文化与增强乡村凝聚力的社会组织。

汉塘村客家文化氛围浓厚，即使在改革开放后也仍然较为重视宗族亲缘关系，尽管宗族组织已丧失政治话语权。但血浓于水的亲友互助却是汉塘村长期发展的乡土传统。在汉塘村苗木电商产业发展过程中，不乏农户间基于血缘关系亲情联手创业的事例，宗族关系成为寻求创业的农户最初的支持来源。

案例 8-4

汉塘村快递公司老板 M，主要经营汉塘村的快递相关业务，与村内各电商大户均保持密切合作。在汉塘村苗木电商产业发展初期，M 敏锐觉察到其中的商机。但由于缺乏苗木种植与电商运营的知识和经验，便选择从自己较为熟悉的物流运输行业入手，融入产业发展中。随着快递业务初具规模，其四个兄弟先后加入快递物流行业，最终成为家族经营企业。

随着汉塘村苗木电商产业的做大做强，宗族互助不仅停留在经济层面，也逐渐规范化发展，完善相关的规章制度。汉塘村各大姓纷纷成立宗族理事会，承担起了宗族祭祀、聚餐等公共活动的组织工作，以族规的形式通过归属感与认同感，从道德层面对宗族成员行为进行鼓励与约束。作为一种传统组织在现代的传承与发展，宗族理事会不仅维系了客家宗族文化的延续，也对村落秩序起到了维护作用。

三、秩序扩展的基础与路径

从产业秩序到公共秩序的扩展，基于产业发展本身就是公共经济生活的重要组成部分。对产业的规范，一定程度上也是对村落成员公共行为的规范。产业的发展为村民带来收入的增加，这也意味着村落治理有了良好的经济基础，为公共秩序的维护提供了物质保证。一方面，健康的公共秩序也对产业秩序提出要求，避免了无序的内部竞争，推动了村内的产销合作；另一方面，公共秩序为产业发展提供了良好的外部环境。因此，稳定的产业秩序是维持公共秩序的必要条件，公共秩序是产业发展的必要保障。

汉塘村实现秩序扩展的基础在于农户自觉利用村落既有的社会关系结构，尤其是血缘关系为纽带的宗族群体和长期共居的地缘关系，实现了传统民间组织的现代意义再生产。正如费孝通先生所定义，中国的乡土社会长期处于以"差序格局"建构起的"熟人社会",所谓"熟人"的两个差序维度一是血缘关系,二是地缘关系。[①]汉塘村的秩序扩展便依赖于这种传统乡土社会关系结构基础,由产业发展扩展至公共生活。

综上所述,汉塘村秩序扩展的路径:一是由产业规则促成的生产合作,通过强化情感联系,成为文化生活的组织合作;二是由各村民小组成员之间的合作,逐步向全村范围扩展,成为村落公共合作。这种合作血缘关系、地缘关系为经营纽带,尤其体现在每年10月至次年5月销售旺季的苗木销售合作,由于订单数量较多,劳动力较为紧张,因此大部分人选择"夫妻档"或者与叔伯兄弟、表兄弟合作的联合经营模式。

第五节　治理动力：多元主体行动的基础与逻辑

汉塘村的有效治理,是在村落既有社会关系基础上,多元主体合力共建的结果。

一、村落权力关系构成的治理基础

村落权力关系是各方主体实现对村落治理的基础条件。其主要涵括:以村委会为中心的村集体关系,以宗族组织为主体的血缘关系,以共居、就学为基础的地缘、学缘关系,以通婚为基础的村落间的姻亲关系,以产业经营为纽带的业缘关系。

一是村委会作为汉塘村的基层自治组织在本质上区别于其他组织,村民通过选举产生村委会管理村内公共事务,在权力来源上决定了其必然处于村内多元主体治理的核心。水果苗木、宗族理事会、村内打工队、广场舞团队以及乡村厨师班子都以村委会为权力核心,它们共同处在村委会的领导下对村落秩序进行治

---

① 费孝通:《乡土中国　生育制度》,北京大学出版社,1998,第25页。

理，同时它们也对村委会具有一定影响力。村委会组成人员往往从这些民间组织中产生，并以村委会为平台形成相互制约、相互妥协的关系。

二是维护宗族关系是重视血缘传统的客家人的生活实践的重要内容。传统宗族关系与苗木电商产业结合的一大特点，便是电商大户凭借其经济影响力掌握了更多话语权，这种经济利益对宗族话语的占据导致了汉塘村的利益关系更显错综复杂。各电商大户试图通过宗族关系的话语博弈，使自身在村内社会关系中实现利益最大化。因此，如何正确引导民间宗族关系健康发展成为决定乡村治理有效与否的关键要素。

三是汉塘村村民们长期共居、共学所形成的地缘、学缘关系也是实现村落有效治理的重要抓手。各姓氏村民的共居形成了汉塘村稳定的社会关系，决定着村民们的日常生活实践的互动对象与亲疏关系。和谐的邻里关系，有助于村落治理工作的具体开展，反之，则对治理形成阻碍作用。

四是以通婚为基础的村落间的姻亲关系是实现汉塘村与周边村落互动的主要关系之一。通婚的本质在于两个家庭，甚至两个家族之间的合作与互助。汉塘村的适龄青年通婚范围一直倾向于周边村落甚至是本村，正是基于双方家庭土地、劳动力和资本等生产资料的合作考量，因此在姻亲关系也是形成村落治理基础的重要权力关系来源。

五是以产业经营为纽带的业缘关系是汉塘村苗木电商产业发展后形成的新型社会关系。基于业缘关系，汉塘村的苗木电商产业得以与全国各地乃至东南亚国家形成产业互动、贸易往来，建构起以汉塘村为中心的苗木电商专业市场体系，并形成一定的影响力，引起各级政府甚至国家商务部的重视，推动产业发展与汉塘村的村落发展。

基于上述多元主体构成的五组权力关系相互作用，在动态发展的过程中同构生成了汉塘村目前的社会关系网络，并成为汉塘村实现多元主体合力共治的基础。

二、多元主体行动逻辑

不同主体之间的定位和目标不同，因此不同主体的行动逻辑也有所区别。

对于村"两委"干部而言，其治理动力更多是来源于其职能定位——完善村落公共服务，实现共同富裕。村"两委"是村落治理中最为关键的主体之一，村委的公共服务性，党委的引领性是推动村落发展的两股力量，因此村"两委"的治理逻辑根植于整个村落的发展规划，通过村集体的共同利益的维护与公共服务的健全实现共同富裕的最终目标。

汉塘村的产业大户在村落治理中的作用也是难以忽视的。当村民产业发展到一定规模并带动村民效仿时，其身上承担的不仅是其个人发展利益，更是作为村落的"对外门面"，以及相关产业链的平稳运行的关键点。在汉塘村，八成以上的农户都从事与苗木电商相关产业的工作，而这些大户又作为产业的核心部分，参与治理的逻辑既是维护自身利益，同时兼顾带动村落发展，实现共同致富。

对于普通农户而言，其行动逻辑就更多出于利益考量，以此为前提通过多种社会关系抱团发展。在中国村落的"熟人社会"中，个人的成功往往容易引起其他人的效仿。在汉塘村产业链运行中，普通农户经营规模较小，电商平台也往往没有大户销量高。因此除了网店销售外，更多依赖村内电商大户的收购，大户也通过收购小户苗木产品保障充足的货源，形成利益共生体。

各级地方政府的行动逻辑既有自上而下的行政指标压力，也有其职能对落实责任的要求。汉塘村苗木电商的发展，各级地方党政机关的领导与配合功不可没，以一个村落的力量自然难以建设产业发展需要的所有配套设施，比如便捷的交通、畅通的网络、充足的电力以及利好政策等，这就需要党和地方各级政府的重视与推动。例如汉塘村此前受限于道路条件，苗木只能靠摩托以散货的形式拉到武利镇销售，因此一直申请重新修整公路，但彼时由于政府财政资金有限，一时难以落实。随着汉塘村苗木与电商的结合释放出地方产业的巨大潜力，经济实力不断增强，各级地方政府充分重视，给予了充分的政策倾斜与资金扶持，加快了基础设施的建设脚步，因此各级地方政府的治理逻辑立足于地方产业的潜力与发展前景，希望通过地方既有产业传统引导村落发展。

物流、电信、信贷、电商平台等市场主体，具有逐利性。在参与汉塘村苗木电商产业的过程中，更多是基于拓展市场的发展理念，谋求占据更大的市场份额，维持自身业务增长。从而顺应市场规律这只"看不见的手"，帮助完善了汉塘村苗木电商产业的纵向分工与产业链扩展。因此市场主体的行动逻辑基于利益导向，通过共同建构当地产业生态，助推村落经济发展。

由此可见，不同主体间虽然定位不同、目的不同，行动逻辑也有所差异，但作为苗木电商产业的参与者与获益者，在治理过程中，就村落发展达成共识，结成利益共同体关系，从各自职能与领域优势出发，协同推动村落治理的有序发展。

小结：电商进村与治理的转向

乡村治理需要一定的治理基础和规则，电商进村带来的村落经济基础与社会规则变化，促成了乡村治理的整体转向。党的十九大报告指出："我国社会主要矛盾已经转化为人民日益增长的美好生活需要和不平衡不充分的发展之间的矛盾。"电商进村在一定程度上增加了城乡商品流动，促进了农民增收，客观上改变了城乡不平衡、不充分发展状况，也改变了乡村社会的治理基础与规则。

作为一个普通的农业村落，汉塘村在时代的冲击之下曾显得无所适从，贫困、"空心化"、交通不便等问题一直制约着当地的发展，而"电商"这个新名词，却为这个世代务农的传统村落带来了一条意外的发展之路，为暮气沉沉的村庄注入了"新鲜的血液"。

在"熟人社会"中，一个人的成功往往迅速成为其他人效仿的对象，随着苗木电商产业规模的扩大，一个清晰的产业发展蓝图渐渐呈现在村民面前，围绕产业链的各方主体的纷至沓来，为村落治理打开了新的局面。多元化的治理主体也带来了多元化的村落治理方式，电商平台、网络监管部门、电商大户对电商产业的线上治理，以及政府、村委会、电商大户等的线下治理，实践出了新的治理模式。在产业不同环节的组织化需求，促使新的村落组织不断涌现，水果苗木电商协会、村内专业打工队、广场舞团队、乡村厨师班子等组织，既满足了苗木电商产业的发展需要，也满足了村民的物质、精神文化需求。治理主体的不断细化，推动村落秩序经历了从产业秩序到公共秩序的扩展过程，相关治理主体以产业为切入点，逐步渗透到村落公共生活的各个方面，但不同的治理主体的治理动力又有所不同，因此行动逻辑各具差异。

尽管村落的混合治理主体行动逻辑各有不同，但在参与村落治理的过程中就村落的发展达成共识，其维护自身利益的基础在于实现村落"善治"。随着汉塘村苗木电商产业的不断发展，相关的治理也在日益精细化、规范化、制度化，在服务于电商产业发展的同时，推动共同富裕，满足人民群众日益增长的美好生活需要，为乡村振兴添上浓墨重彩的一笔。

但我们应警醒，防止陷入"有参与无合作"[①]的困境中，如何协调各方治理主体，实现互利共赢，依旧需要实践与探索。无论是学界提出的"双轨合一"[②]，还是"三秩归一"[③]，抑或者多元主体的混合治理[④]，探索的最终目的是实现乡村社会的"善治"激活乡村社会的内生活力。

---

① 何得桂、徐榕：《政策变现的乡土逻辑：基于"有参与无合作"现象的分析及超越》，《中国农村观察》2020 年第 5 期。

② 杨富平：《行政主导的双轨治理：新时代基层治理逻辑的一个理解框架——基于浙东横镇的田野调查》，《湖南农业大学学报（社会科学版）》2023 年第 4 期。

③ 邱泽奇：《三秩归一：电商发展形塑的乡村秩序——菏泽市农村电商的案例分析》，《国家行政学院学报》2018 年第 1 期。

④ 唐惠敏、范和生：《共同富裕背景下村企合作混合型治理模式研究》，《云南民族大学学报（哲学社会科学版）》2022 年第 4 期。

第九章

农家子弟的网络使用与村落教育再生产

电商经济推动了互联网在广西灵山县汉塘村的普及，村落农家子弟普遍很早就开始接触电脑和智能手机，进入互联网世界。汉塘村电商产业发展起来后，村庄经济迅速获得了新的发展活力，家庭普遍富裕的状态，使得农家子弟面临新的生活境遇，他们的网络使用行为遍及家庭、学校和村落等不同场域。在社会普遍的网瘾焦虑和"望子成龙"迫切需求下，网络使用行为也受到家长、教师和邻里的管控与干预。农家子弟的网络使用和各方主体的网络管控，成为影响村落教育的重要因素。

第一节　网络普及与农家子弟教育环境

网络在乡村的普及，使得农家子弟与外界的联系更为紧密，让他们能够更为便捷地了解外部信息、增强与外部世界的联系、拓宽对外部世界认知的视野。但互联网是一把双刃剑，盲目和不加引导地使用网络，在一定程度上将农家子弟教育环境变得更为复杂化。

一、低端信息化：互联网在乡村的普及

改革开放四十多年来中国乡村发生了很大的发展与变化，生产生活方式、经济结构、文化生活、聚落样态乃至生存环境等诸多方面，都已经发生了历史性巨

变。其中最为直接、最为明显的影响就是互联网时代的到来，使乡村与外部世界的联系突破了地域与空间上的时空限制。相对城市而言，乡村互联网的普及更晚些。互联网先是在大城市发展起来的，乡村互联网使用发展史大多以网吧为发端，相关内容也多以娱乐性产品为主，如游戏与电影等，青少年在使用网络的过程中若缺乏正确的引导和合理的监管，将会造成一种较为低端的信息化。

低端信息化的特点一般表现为：自发性、娱乐性、盲目性、成瘾性。

（一）自发性

改革开放以来，随着传统经济结构逐渐被打破，在中国许多传统农村地区，除了经营农业经济外，还要依靠外出务工才能基本维持家庭生产生活。在农村地区，因父母常年外出务工无暇照顾子女的情况较为普遍，出于补偿心理在经济和生活上满足子女的基本要求以及隔代教育等因素作用下，促成农村青少年在使用网络时经常无人监督与引导。农村青少年玩网络游戏具有明显的"羊群效应"：看到身边多数的人玩游戏，为了融入集体不被孤立，所以自己也必须学会玩，从中可以看到网络使用全凭个人的自觉和同伴的引导，在某种程度上就会促使农村青少年养成拖延、懒惰、自闭、放逐、缺乏自律、作息不规律的陋习等。

（二）娱乐性

娱乐性主要以沉迷网络游戏、网络小说等为表现。在农村地区，在父母教育和陪伴缺席的情况下成长起来的孩子，因其情感需求长期处于饥饿状态，相对其他孩子更禁不起被充斥娱乐与各类信息的网络诱惑，更需各种网络信息填补心灵空虚，寻求精神刺激、弥补情感需要。网络游戏、网络小说、网络电影等形式的网络文化以其虚拟化、娱乐性、补偿性等特性使得农村青少年的思想与行为易倾向于脱离现实的理想主义，易形成浮躁、不耐烦、易暴躁、易冲动等不良情绪，同时过度使用网络导致其生活习惯紊乱、饮食作息不规律，不利于青少年身体素质、发育状况、健康生活的发展。

（三）盲目性

盲目性主要以缺乏正确引导与监督为特征。大多数留守儿童的父母以外出务工为主，因工作所在地远离家乡，来回交通成本较高与不易请假等原因，形成较为长期的缺少教育子女的现实情况，造成家庭结构不完整，由此导致家庭的诸多功能的弱化，比如教育功能、社交功能、社会化功能、情绪交流功能等。由祖辈等具有血缘、亲缘关系的老人承担抚养职责，他们受文化知识、思想观念、身体素质等因素的限制，对教育缺少必要的知识和认知，更多对孩子表现出"溺爱""放养"和"顺其自然"的态度，很可能会造成农村青少年使用网络无限制、无约束等不利局面，失去父母的亲自教育往往会止于简单的照看，更不论教育。[1]

（四）成瘾性

通过网络使用时长与使用类型来看，2021年我国未成年网民规模达1.91亿，未成年人互联网普及率达96.8%，城乡未成年人互联网普及率差距基本弥合，未成年网民工作日日均上网时长大于2小时的达到8.7%，节假日日均上网时长大于5小时的达到9.9%，27.3%的家长认为孩子上网时间过长。[2]根据调查显示，当代青少年网民的触网年龄愈发提前，约有超过六成的青少年触网年龄在6～10岁，且八成以上都具备较强的网络使用能力，24%的青少年每天上网时长则达到2～4小时。从兴趣点上看，娱乐仍旧是他们最为喜欢的领域，影视、动漫、游戏、音乐、小说、短视频等收获关注满满，但男女表现出明显的差异化，男性青少年偏爱动漫、游戏类，女性青少年偏爱影视、明星和购物等。[3]

---

[1] 万爱莉：《青少年网络沉迷的原因分析及对策建议》，《中国德育》2020年第1期。

[2] 共青团中央维护青少年权益部、中国互联网络信息中心：《2021年全国未成年人互联网使用情况研究报告》，https://news.youth.cn/gn/202211/t20221130_14165457.htm，访问日期：2022年12月30日。

[3] 蔡军：《新媒体时代中学生思想道德教育的实践路径》，《初中生未来》2019年第4期。

二、开放的乡村：农家子弟教育环境的变迁

进入 21 世纪，随着网络进村的普及，高新技术的发展，乡村与外界的联系突破了时空限制，一方面村民凭借一部手机就能做到"不出门便知天下事"，获取外界信息更为方便快捷；另一方面农家子弟的整体教育环境确实变得越来越开放，也兼具多样性选择，尤其是各种与消费、娱乐相关的外部信息更容易获取，但与教育、成长相关的信息乏人问津。

案例 9-1

汉塘村电商户 HZW 在谈及从事电商对孩子的影响或者是孩子使用网络后产生的变化，他表示小孩一般都是玩游戏、看视频，很少用来学习，也不懂网络电商赚钱，对钱还没有什么概念。

案例 9-2

汉塘村村民 HDF 关于网络对孩子教育的影响看法是：平常学生都会玩手机，但很少用来搜寻学习资源，只有在作业不会做的时候，才会用辅导软件进行查询。

通过以上案例可知，村落青少年接触网络大多是以娱乐消遣性为主，即使家庭从事相关工作，仍会因自身年龄、阅历、意识形态、价值观念等方面因素影响，对于教育、成长相关信息关注度与积极性较低。从另一个方面也可以看出，互联网时代的到来，拓宽了农家子弟对外部世界认知的视野，在消费与娱乐上向城市靠拢，但在教育资源的获取上差距越来越大。乡村随着网络开放，但这种开放经历了乡村文化偏好和村民注意力的筛选，使得消费文化被单方面放大，而城市真正拥有的教育、文化资源并未向乡村开放。

三、村落小学遭遇互联网时代

互联网时代，一方面拓宽了村落小学获取资源的途径和强化与外部世界的联系，另一方面也可看出传统教育与互联网新式信息化教育的相互碰撞。下面从师生及教学等不同维度出发，探讨村落小学会遭遇怎样的新困境。

最突出的是教师权威被消解。乡村教师作为乡村教育发展的命脉和活力源泉，关乎教育事业的整体发展和教育现代化目标的实现。[①] 在互联网时代背景下，乡村教师面临着许多新的发展困境，其中主要原因之一是老一代教师由于自身因素与受教育时代背景的影响，导致知识拓新水平不高、领域不广，缺乏对新生事物的感性认识以及对新生事物的接受能力有限。新生代教师虽拥有更新颖的知识视野、认知方法和学习能力，但与老教师相比其意愿与热情性不高，究其背后的原因他们大多数渴望走出乡村，融入城市生活。因此，其教学投入度有待考量，无法获得新生代家长尊重。

农村小学存在着由于学校和班级规模小而引发的教师工作量大和教学任务繁重的问题，往往一名老师兼任多门课程的现象，更有高低年级同班上课的情况。这种情况特别是在偏远的农村小学不足为奇，因为相对于城市而言，农村教育资源较为匮乏，其中最为明显的体现就是农村教师的缺乏。随着社会经济的快速发展，人们对文化教育越来越重视，对教师提出了新的要求和挑战，出现了老一代教师的教学领域未能涉及新课标某些要求，抑或是某些解题思路不足以应对新型学科题型的解决等情况。新生代教师往往是胸怀壮志，但普遍存在不甘于在农村教学，对于农村教学事业会存在一些投入不足和缺乏乡村教育情怀的情况。

农村小学教学资源不足与质量良莠不齐的局面，引起家长的不满。虽然互联网进村改变了村庄与外界的联系，但乡村教育资源与城市教育资源的数字鸿沟没有缩小反而越来越大，从拥有的教学设备、师资力量、图书资源、获取资源的

---

① 沈伟、王娟、孙天慈：《逆境中的坚守：乡村教师身份建构中的情感劳动与教育情怀》，《教育发展研究》2020 年第 15 期。

途径等就可以明显地体现出来。因此，也就导致了越来越多的家长通过各种方式把孩子送进乡镇或县城上学。同时，在多数人看来，村落小学整体被认为较为落后，容易被拿来与村外小学，尤其是乡镇和县域以上的小学作比较。

随着社会经济的不断发展，村落小学相对于乡镇小学而言，其教育资源是相对较为落后的，教学条件远不如乡镇小学，这是不争的事实。从某种意义上说明家长对于村落小学的怀疑与不信任是有原因的，也是可以理解的，这也恰恰说明村落小学管理、师资力量、教育资源方等方面亟待升级。

家庭和外部环境变化导致学生本身情况变得更为复杂，小学缺乏有效手段进行管理和约束。学生在网上遭遇、模仿不良文化现象，导致厌学、网瘾、攀比、霸凌等现象增多。通过对相关农村小学欺凌事件开展的详细研究分析，一般欺负者及被欺负者的所占比例是 8% 和 34%。[①] 由此可见，每十名农村小学生中就可能存在一名欺凌者和三四名被欺凌者，而欺凌事件会严重损害这些学生的心理健康，甚至影响人格发展。学生教育需要家校合作，但在现实中很多家长忙于生计，无法顾及子女教育，更多寄希望于学校。

第二节　新境遇：从"孤独者"到"小皇帝"

互联网进村为村庄注入了新的发展活力与新鲜血液，汉塘村苗木电商产业发展后，大量外出村民回归乡土，从事苗木产业生产，村民收入提升，村落整体经济条件大为改善。富裕的家庭经济和便捷上网的条件，使得农家子弟的生活境遇发生了很大变化。了解这个新境遇，是理解网络时代村落教育的基础。

---

① 朱赐宏：《农村小学校园欺凌产生原因及防治策略》，《考试周刊》2017 年第 94 期。

一、以儿童发展为中心的家庭教育

（一）从留守儿童到父母回归家庭

案例 9-3

TX 初中毕业后跟随哥哥姐姐去广东打工，后因结婚等原因回到汉塘村，与同村人学习种植售卖苗木。婚后与妻子育有两女，大女儿在汉塘村读小学，小女儿准备上幼儿园。TX 提到，在本村从事苗木生意除了获得不错的经济收入以外，对于家庭和孩子的益处就是能够让他和妻子都陪在孩子身边，自己能够灵活掌握时间，甚至每天上学放学都可以接送两个女儿，他认为父母的陪伴会让孩子有更好的成长环境。

案例 9-4

LX 原本同丈夫一起在广东务工，从事的是皮包缝纫工作，后来回到汉塘村以家庭作坊式生产果苗布袋。目前丈夫还在广东务工，LX 主要在家照看小孩。她希望通过陪伴孩子成长让小孩有更好的学习环境。

过去汉塘村中的儿童很多都是留在村中由祖辈照顾，在村里读小学，在镇上读中学，平时在家里干点农活，而父母则是在外地打工维持一家人的生活开支。近几年来，汉塘村水果苗木电商发展越来越好、销售平台越做越大，从事苗木种植与销售的村民也慢慢增加，苗木电商经济带来的红利让很多年轻人都从"南下打工"转为"回乡创业"。很多"80后""90后"父母都从外地回到家中创业谋发展，这让一部分汉塘村的儿童逐渐从原来的留守局面恢复到了父母回归家庭的局面。回到孩子成长环境中的父母，除了从事苗木电商产业之外，由于其在外务工的不易、眼界的拓宽以及阅历的提升，也逐渐重视对孩子的照顾、教育和培养。

与此同时，汉塘村也还有部分留守儿童，他们的日常生活由其他亲属代为照管。但互联网的普及突破了时空限制，让曾经彼此的距离通过视频通话转化为"看得见的思念"。通过虚拟网络虽不能达到真实相见的效果，但却让孩子通过这样的方式更情真意切、淋漓尽致地表达真情实感，让我们看见"看不见"的文化意义。正是互联网联通了两个彼此不尽相同的世界，使"陌生"的世界变为"熟悉"的世界，艰难中的守望成为"看得见"的希望，让他们也有更多的机会与远在外地务工的父母交流亲情，减少看不见对方的焦虑，增进彼此之间的感情。

（二）更多更高级的消费与更少更轻松的家庭劳动参与

案例 9-5

LYJ 经营电商多年，育苗大约有 3 亩。其家族有两个店，一个由自己经营，一个由其父亲与兄弟经营，请专业运营团队进行打理，在网上售卖苗木产品。LYJ 主要负责苗木生产护理与销售包装，其妻子照料小孩，并帮忙生产打包。工作不忙的时候，LYJ 会带家人到县城游玩、购物消费、体验城市的美好生活等。

电商平台为苗木产品产销提供了重要的信息渠道，使更多的汉塘村村民依靠电商发展经济，享受数字网络下与农村经济结合的新式经济收入，相对以往传统农业生产与销售产业更为轻松，家庭消费支出比重不同以往只侧重饮食方面，在娱乐消遣等其他方面有所增长，也更有意愿在子女教育上投资，这说明了村民由物质消费、娱乐消费向文化消费观念的转变。

（三）对教育支出有侧重

案例 9-6

HX 在家中排行老大，上大学，弟弟妹妹上高中。谈及教育时他表示身边同龄人大多数还在读书。现在的家长比较重视上学，父母对他们要求很严，家庭经济压力比较大，弟弟、妹妹和自己学费将近3万块。

案例 9-7

LJ 是大专学历，父亲在武利镇附近从事室内装修工作，母亲在家育苗种苗，兄长和妹妹在广东打工。谈及教育她表示，家中有年龄相仿且尚在读大学的有4人，父母都支持她读专升本，继续学习。

从以上案例可以看出，村庄经济的发展，家庭收入的提高，对外界认知的扩大，对现实生活的关注，对人们转变思想教育观念有着至关重要的意义。许多家长逐渐改变了"读书不如打工"等观念，普遍希望子女能够接受更多知识教育，因而对于教育支出也更为重视。

（四）从单一到多元，从读写到艺术培养

对于经济发展较好的地方，人们普遍很重视教育，这已经成为共识。在汉塘村，一些从事苗木生意经济条件较好的家庭，除了正常送孩子在学校接受教育以外，还热衷于培养孩子的兴趣爱好使其得到较为全面的发展。据笔者实地访谈得知，村落中还有很多家长将自己的孩子送往各种兴趣班学习。在他们看来，想要孩子更好得成长，不能仅仅依靠在学校学习的知识，要多方面去培养孩子的兴趣爱好，否则将来进入初中或者高中，自己的小孩在综合素质方面就比不过那些从小就生活在城市里面，有着良好教育资源和教育环境的孩子。

据了解，家长们最热衷给孩子报名的兴趣班分别是书法班、舞蹈班、篮球班和武术班，一般每年在兴趣班上的支出在 5000 ～ 8000 元。

二、学校教育条件的新变化

村落经济条件改善后，汉塘村小学的软硬件设施均有了较大提升和改善。为了贯彻落实 2013 年教育部发布的《关于全面改善贫困地区义务教育薄弱学校基本办学条件的意见》，从 2014 年起"中央财政每年将投入 350 亿元"，用五年时间投入 1750 亿元聚焦贫困地区义务教育薄弱学校。[①] 乡村教育是中国教育的"神经末梢"，也是重要阵地，城镇化越是加快，乡村教育越要加强。

乡村小学是基层学生接受教育的重要载体，相对县城较高的教育支出成本和进城上学较难的问题，农村家长就会考虑让小孩在村小学接受教育。因此，为了满足基层学生接受教育的需求，就应不断改进和完善乡村小学的基础设施、师资力量，让更多的教育资源流进乡村，助力乡村教育事业的发展。

三、村落现代化氛围中的潜移默化影响

（一）商业氛围与消费文化

案例 9-8

汉塘村小学教师 HDX 谈及电商产业对于教育影响时表示，电商发展后，在外务工的父母会给小孩更多的零花钱，祖辈不能很好地进行约束，造成学生在钱财方面的滥用现象，甚至有的学生因没有拿到零花钱而不去学校上课。父母在外务工的学生在假期会和父母团聚，父母因补偿心理给他们买一些贵的东西，会造成部分学生在校进行攀比。近几年电商发展，家庭经济宽裕，有小部分家长会给孩子买电动车，有的是任小孩骑，造成交通安全隐患。

---

① 教育部、国家发展改革委、财政部：《关于全面改善贫困地区义务教育薄弱学校基本办学条件的意见》，http://www.moe.gov.cn/srcsite/A06/s3321/201312/t20131231_161635.html，访问时间：2022 年 12 月 30 日。

从以上案例可以窥见，电商经济的发展，村民外出务工，扩大了经济来源，使得乡村家庭收入普遍提高。但我们也看到了农家子弟存在的一些问题，在大数据技术发展的时代因自身的年龄、学识、阅历等方面的局限会对于物质、金钱等概念界限较为模糊，需要正确引导，培养正确的物质观、金钱观和价值观。

（二）电商经济与消费文化助推基础设施建设

一是数字科技助力公共服务均等化。随着农村信息化基础设施的日益完善，电子政务服务从城市延伸到了农村。当前，31 个省级政府已构建覆盖省、市、县三级以上的政务服务平台，其中 21 个地区已实现省、市、县、乡、村服务五级覆盖，政务服务"村村通"覆盖范围持续扩大，初步形成"覆盖城乡、上下联动、层级清晰"的五级网上服务体系，为农村地区人民特别是贫困地区人民享受政务服务提供了保障。

二是科技在农业生产中的作用日益增强。2018 年，我国农业科技进步贡献率达到 58.3%，比 2005 年提高了 10.3 个百分点。科技助力粮食单产不断提升，由 1952 年的 88 公斤 / 亩提高到 2018 年的 375 公斤 / 亩。互联网时代的到来，电商经济的快速发展，农业粮食、农村特产等产品有更多销售途径、扩大销售空间、拓宽客源市场，为满足市场需求，刺激其增加产量生产，也倒逼农业生产改革，改变传统农业生产方式，更多引用先进科技，促进农村农业发展现代化。

据交通运输部统计，全国农村公路总里程由 1978 年的 59.6 万公里增加到 2018 年的 404 万公里。截至 2018 年底，99.6% 的乡镇、99.5% 的建制村通了硬化路，99.1% 的乡镇、96.5% 的建制村通了客车，建好、管好、护好、运营好的"四好"农村路长效机制正在形成。根据 2017 年第三次全国农业普查主要数据公报显示，61.9% 的村内主要道路有路灯；99.5% 的村通电话；82.8% 的村安装了有线电视；89.9% 的村通宽带互联网。[①] 提及乡村发展最为现实的路径，人们都会不约而同地想到"要想富，先修路"，这句通俗易懂的口号。的确，从古至今，道路一直影响着人们的生产生活，农村要发展离不开道路的发展，因为它是村民连接外部世界的重要方式或者说是村民走出农村、走向城镇的重要通道。如今"道路"已不是原来人们所简单理解的道路，其包含着两层含义，一是看得见的实体道路，包括水路和陆路等；二是看不见的"虚拟道路"，即由互联网铺就而成的信息沟通之路。由此不难看出，交通与网络线路的贯通使得村落信息、物资等集散更方便、快捷。

（三）宗族：资助困难子弟完成学业、鼓励子弟接受高等教育

案例 9-9

LYX 经营铝合金装饰店，他父亲与 QWQ 一起从事木材纤维板生意。其表示，村落中家族意识比较强烈，在这两年大家的生意做起来之后，成立了家族助学基金，用来奖励考上本科的大学生。家族助学基金由家族内部成员自愿捐钱构成，考上一本的奖励 4000 元左右，考上二本的奖励 2000 元左右。

宗族是维系中国社会结构的一条纽带，是千百年来中华民族文化内涵的重要承载者，宗族、家族观念早已在人们的心中根深蒂固。汉塘村是灵山县中的客家人聚居区，较为重视宗族血缘关系。通过家族、宗族助学的方式，也间接反映出村落中形成崇尚教育，尊重人才，重视人才培养，互帮互助的村落氛围。

---

① 国家统计局农村司：《农村经济持续发展　乡村振兴迈出大步——新中国成立 70 周年经济社会发展成就系列报告之十三》：http://www.gov.cn/shuju/2019-08/07/content_5419492.htm，访问日期：2019 年 8 月 7 日。

第三节　网络使用：日常生活中的触网经历

互联网进村，不仅改变了村落村民之间的连接方式，也改变了农家子弟的传统生活。在村落社会不同空间，都有着便捷的网络使用机会，但家庭、学校、村落的网络使用行为有着一定的差异，这些不同行为共同构成了农家子弟的日常"触网"经历。

一、娱乐与家庭帮工中的网络使用

一是自主娱乐。在家长允许的时间或者以网上作业、网上查找答案、网上观看学习视频等多种形式的借口，进行网络视频、网络游戏和阅读网络小说等。平时学生都会以学习为借口向家长要求借用或购买手机，但其实多是用来玩网络游戏、进行网络社交，较少主动用来搜寻学习资源，只有在作业不会做的时候，才会用软件进行搜索。疫情期间，一些课程需要线上学习，这就无形中给了孩子们更多的机会接触网络。

二是辅助家庭劳动，如网店接单和购物。笔者在和许多村民交流过程中了解到，在电商和家庭的影响下，基本上小学三年级以上的学生都会在网络平台购买物品。受父母影响，小孩也会参与电商直播，并通过观看网上视频教学，学会拍摄短视频。

汉塘村有着传统苗木培育的技术和优势，作为一个拥有着众多苗木电商的村落，家庭的日常劳动是与网络分不开的，也是无法分离的，关系如同"鱼水"一般。因此，孩子从小在这样的网络环境中长大，对新事物充满好奇心成了必然，接受新事物的能力较强，对于相当多的网络软件操作都要比父母熟练。随着家庭经济收入的不断提高，每个家庭成员基本上人手一台智能手机，从事电商行业的家庭，甚至有十多部手机用于业务发展。

二、课堂与课余的网络使用

一是课堂中的视频观看，教学辅助行为，上机课实践学习与操作。据笔者实地访谈当地教师得知，汉塘村小学开设有计算机课程，三年级以上进行计算机课程普及，每星期两节。主要教电脑的初级使用步骤、网页搜索等简单操作。疫情期间开过线上教学，学生与老师在线上进行教学交流。学校教师基本掌握了多媒体教学技术，但教室网络的多媒体质量不好，使用网络上课的次数会比较少。另外，安排文娱活动的时候会用到教室中的电脑多媒体，比如儿童节或者是其他由学校组织开展的文娱活动。

二是课余时间擅自使用。主要是背着家长、老师带手机进入学校，利用课余时间在校园角落、卫生间等隐秘场所进行网络游戏、观看视频或网上聊天。基于熟人关系，可以看到同一班级的学生热衷于以班级为单位组建群聊，方便于彼此之间的沟通。

案例 9-10

在汉塘村小学，高年级学生基本都有手机，但学校规定不能把手机带入校园，如有发现就会没收，会打电话给家长通知过来领。通过网络可以查询很多学生的抖音账号和社交信息，有的学生通过网络聊天交友。

三、村落交往中的网络互动

网络的普及，让青少年群体热衷于选择智能手机作为交往的载体，村落间很少看到他们嬉戏玩乐的身影，而是把大部分时间花在电子产品上，具体来说，就是手机游戏、短视频、网上社交等。以往没有网络，没有普及智能手机，青少年都是通过口头约定的方式聚集到一起游玩。现在青少年基本上都以村屯为单位组建"QQ 群""微信群"，同村中，关系很好的青少年更是喜欢用网络群聊进行交往，方便随时进行沟通。

同辈群体进行网络游戏，形成青少年群体互动游戏的拓展。场所主要在村小卖部、冷饮店自带手机操作，或者集中于某个人家在电脑上操作。这样的情况一般出现在放学时间、周末和寒暑假期间。过去村里有网吧和游戏厅，但随着家庭经济能力的发展，几乎人手一台智能手机，扎堆在网吧游戏厅玩游戏的场景成了过去式。

同辈的群体网络游戏，能够在学校之外给青少年创立更自由的交往平台，从游戏中找出来的成就感，对于一些青少年来说，远远大于学业上的成就感。笔者通过对许多游戏爱好者的调研，总结出两点他们热衷于此的原因：一是打游戏容易获得"三感"，即获得感、满足感和荣誉感，还可以靠教别人打游戏赚钱；二是打游戏需要的是实操和经验，不需要死记硬背文字知识和牢记公式等。群体网络游戏，还最大程度促进同辈之间的交流，而且玩游戏水平的高低也是影响青少年在群体交往的重要因素。

村落不同年龄段群体的网络游戏群体分化。中小学的孩子一般会热衷于流行的网络游戏、实时网络在线对战。这类游戏一般由多人合作完成，符合青少年喜欢群体游戏的特点。他们往往热衷于提升游戏等级，提升游戏装备，这样能够给他们在群体交往中提供更多的谈资，甚至是攀比。中年人一般喜欢在手机上玩棋牌类游戏，甚至利用网络大平台进行有偿的棋牌游戏。

第四节　子弟教育：对网络行为的引导与管控

"网瘾"的污名化印象传播和对青少年学业成绩的焦虑，使得网络行为成为青少年日常行为管理中一个重要方面。对于孩子对网络的依赖达到什么程度才算是"网瘾"，许多家长也不能说出一个标准，在许多的家长看来，除了用手机进行必要的沟通与交流以外，其余的网络游戏大多划入"网络成瘾"的范围。这样的划分实际上不能算科学而合理的。

一、家庭网络使用中的放任倾向

作为能够让社会飞速发展，将人与人之间的交流逐渐深化的网络，它必定具有非常之处，即利大于弊，适者生存才不会被时代和社会发展所淘汰。然而网络带来的巨大传播能力和储存能力让人惊叹，就像一个复杂多变的交易市场，深深影响所有人的生产生活。而对于涉世未深的青少年，他们的世界观、人生观和价值观尚处于塑造阶段，自我保护意识较弱，甄别是非对错的能力还有待提高。从网络诞生以来，"网瘾"就成了对青少年负面影响最大的一种娱乐消遣方式。如何对他们的网络行为进行引导和管控，从而发挥出网络应该有的正能量，是现在村落子弟教育的关键所在。

部分家长由于工作的繁忙，或出于对孩子的溺爱，或认为孩子不接触网络就跟不上时代的思想观念，导致其并未控制孩子玩手机的时间。在他们看来，孩子在家里玩手机是最让家长省心的，也是最安全的。不用时刻陪伴孩子做些什么，也不用担心孩子在外面玩耍时可能遇到的各种危险情况。给孩子一部手机，父母省心，孩子开心。

还有部分家长会进行上网时间和手机的管理。管理方式主要是规定上网时间，给手机、电脑设置密码等。或者对孩子未经允许上网，采取处罚。这些家长除了担心孩子的学习成绩会受网络严重影响以外，更多是担心网络会给孩子的成长带来不可估量的消极影响。如垃圾信息对孩子造成影响，形成不正确的世界观、人生观和价值观，从而导致小孩在家庭中叛逆、学业上荒废、思想价值观念上的扭曲，所以他们严格控制网络在孩子日常生活中的使用。

二、学校乏力的"猫鼠游戏"

规定不允许学生带手机入校，入校后一律交给老师保管。在课堂教学中不允许学生使用，但会要求学生通过网络下载视频、图片课件等相关教辅资料。在学生课余管理中，发现使用手机一律没收，并通知家长。关于手机问题，老师与学生的角色就像"猫抓老鼠"一般，"猫"时时刻刻紧盯"老鼠"，后者又需要时时警惕，这样的猫鼠游戏让双方都大耗精力，得不偿失。我们可以很明显感受到中小学生使用手机的问题，实际上已经成为校园中亟待解决的突出问题。

学校对于学生的使用手机情况相当重视，首先在学校中学生手机的不正确使用会严重影响正常的教学秩序。中小学生自制力往往不强，在课堂上玩手机的现象屡见不鲜，对中小学正常的课堂氛围冲击相当大。不少老师表示，一是一些学生悄悄在课堂上玩手机，一方面是忘记静音，直接在课堂上出现战斗激烈的游戏音效，导致学生群体起哄，正常的教学秩序受影响，另一方面是使学生无法专注认真听课，总想着手机里的游戏，从而导致学习成绩下降；二是有的学生在考试时使用手机进行搜索答案，这样一来，严重破坏考试的公平，对学生的切身利益造成消极影响；三是学生带手机入校会造成一些盲目攀比消费的情况，许多中小学生盲目的进行网络消费，在同学中形成一股盲目攀比的不良风气，这样一来也加大了学校相关管理的难度。

在教育部未对中小学校园手机问题进行具体指导之前，许多学校对学生带手机入校的最严厉处罚就是当众销毁学生的手机。这样"重锤出击"确实对中小学生起到过强烈的震撼作用，但有违法违规的嫌疑，还造成学生与家长对这样"土办法"的抵触，让双方都处于一种被动的接受状况。而后教育部办公厅印发了《关于加强中小学生手机管理工作的通知》，这对各中小学的手机管理提供了一定的成文依据，也给了学校方面一定的自由裁量权，不至于搞成"一刀切"，也极力促成学校与家长共同管理学生手机的局面，所以目前整体校园管理效果相对较好，但并不能完全杜绝学生使用手机行为，尤其是高年级的学生。

三、村落有限的邻人监管

邻人干预，一般是在一些公共场所遇到比较熟悉的小孩，针对与自己家庭关系比较好的小孩进行管理。采取方式大多是当场制止或通知家长。同在一个村落且互相熟悉，让邻人对各自小孩之间沉迷于网络的情况都及时提醒。许多邻居的小孩都是从小就在一起玩耍，对于家长来说，提醒邻人的小孩不要过多地沉迷手机、网络，实际上也是对自己小孩的一种帮助，父母之间彼此也会理解和接受。他们相信这样能够树立一种好的监督气氛，对孩子成长的大环境有利。

但是实际来说以上的种种约束往往缺乏主动约束意识，也缺少有效约束力。不像在家庭中家长对小孩的约束，无论从传统的伦理规则还是现实的责任意识来说都非常合理且具有威慑力。家长在传统的家庭关系中一向是令行禁止，尽管随着社会的发展和时代的变迁，家长与小孩的关系有所发展，但属于家长的威慑力尚在，尤其是对于大事项的处理权。

除此之外，在村落的层面，村干部主要是针对网络使用造成的冲突和小孩难管问题进行警示，主要是通过村落公共微信群进行提醒，这样的提醒一般是提醒家长对小孩进行约束，不能放任小孩在村落中造成过大的不良影响。

第五节　再生产：网络接触与农家子弟的选择机会

网络是一把双刃剑，农家子弟在接触网络中获得了信息的来源，但同时也容易因缺乏正确引导与监督等原因沉迷于其中。网络信息普及化背景下，农家子弟的选择机会是增加，抑或是拉动其与城市的数字鸿沟，需要我们对网络使用造成的农家子弟教育困境进行反思，尤其是从农家子弟教育成长机会的角度探讨网络接触带来的整体影响。

一、网络是否改善了教育环境

互联网时代的到来，通过虚拟的网络连通，使得信息的传递和接收更为方便快捷，但这种接触非常复杂。在缺乏选择与区分能力的情况下，反而会使教育环境复杂化。

（一）教育信息获取事实上有所增加

案例 9-11

据汉塘村小学有着四十多年教龄的 H 老师介绍，虽然村中从事苗木种植的电商比较多，但多数学生家长还是在外省打工。学校平时主要通过"微信"与家长沟通交流，希望家长多监督学生的学习。从事电商果苗生意的家长在苗木销售旺季的时候经常加班，没有时间管理孩子；在外地打工的家长，基本上年末才回家。但总的来说，家长对孩子的各方面关注情况比起过去有所好转，随着经济条件的改善，家长更加重视孩子的学习教育情况，但也存在对孩子的教育监督不到位的情况。

案例 9-12

汉塘村小学校长 FKH 告诉笔者，关于家校联系，学校认真开展家校联系工作，通过企业微信、家访等方式与家长针对孩子的教育问题进行沟通，每学期至少进行两次家访；学校每学期都会举行家长会，并邀请村支书参加；学校成立有家长委员会，由 7 位来自不同年级的学生家长构成。

结合在汉塘村了解到的情况，我们可以发现在网络越来越普及的当今中国社会，家庭与学校交流的途径更广、平台更多、信息交换越来越多元化和经常化。汉塘村小学从以往每个学期一次的家长会发展到每个学期定期家访、学校与家长建立"微信群"对孩子的实时状况进行沟通了解，互联网功不可没。一些年轻的家长往往关心子女的教育情况，积极参与孩子的成长，也乐于与学校、老师沟通。

（二）对本地教育的不信任与不自信开始增长

优胜劣汰竞争原则以及大学生都希望选择更好的就业环境，这使得农村学校处于人才配给的被动局面。从目前新任农村教师的年龄段来说，他们多数是高等教育扩招后读大学的人，与老一辈教师从田间地头走向三尺讲台的对教育的热忱与希冀不同，他们则是"进城又回乡"的一代。由于他们在城市接受到的教育环境，城市提供的便捷服务，对城市生活充满向往，因此工作意愿远没有老教师高。正是因为新生代教师普遍倾向于到城镇或城市工作，使得乡村教育难以留住人才。

一些交通不便或经济发展较为落后的乡村学校，多数以数学、语文老师为主，其他学科老师少至匮乏，其他课程大多是由数学老师或语文老师兼任，这直接导致一些学科的课程开不齐、开不足、上不好，进一步拉大了区域间义务教育的差距。

（三）各种有害信息无法有效筛选

案例 9-13

中国人民警察网官方微博报道：许多网络诈骗分子，假借老师的身份，以疫情为借口诈骗学生学费，声称线上缴费有优惠，结果导致某幼儿园 13 名家长被骗 33530 元。

案例 9-14

2016 年，即将踏入大学的 18 岁女孩 XYY，因接到诈骗电话，缺乏识别电话真假的能力，被骗走上大学的费用 9900 元。她伤心欲绝，郁结于心，最终导致心脏骤停的惨剧。

通过以上案例我们可以看到，各种网络信息形形色色，网络信息因其虚拟化以及大数据精确定位等特性，经常被别有用心之人利用。在开学季，经常会有准大学生面临被含有非法链接的网上学费缴纳的短信或来电骚扰，也会发生一些交通信息不便地区的学生因其对网络电信诈骗意识不强、社会经验不足、对于各种有害信息无法甄别真假等因素的情况被骗取学费的现象。

二、城乡差别与数字鸿沟

网络接触强化了城乡差别，使得数字鸿沟更为凸显。数字鸿沟是指数据、信息、资源等方面的接受差距过大。城乡数字鸿沟反映出城乡居民在经济和社会发展这个过程中所存在的一个差距，是经济社会发展的差距在信息技术方面一个客观反映。

（一）对城市生活的想象因网络而强化

"抖音""快手"等短视频以其精悍、时长短、内容丰富、形式新颖等优点吸引人们眼球，其下载量逾越几十亿，其使用时长占据人们日常多数碎片化时间。尤其是农村青少年，他们通过短视频平台看到了网络流行与"热梗"，不仅仅是对于各类知识了解与认知，而且他们通过一些博主的日常视频了解到城市生活。通过视觉上强烈冲击与自带氛围感的音乐特效加持，更为形象、具体强化他们对于城市生活的想象。

（二）城乡家庭信息选择能力的差别扩大了子女能力差别

根据中国统计局数据显示，截至 2021 年 6 月，我国农村网民规模为 2.97 亿，农村地区互联网普及率为 59.2%，较 2020 年 12 月提升 3.3 个百分点，城乡互联网普及率进一步缩小至 19.1 个百分点。农村地区通信基础设施逐步完善，推动农村互联网使用成本逐步下降。[①] 从中可以看到城市地区互联网普及率为 70.6%，

---

① 中国互联网络信息中心：《第 48 次中国互联网络发展状况统计报告》，https://www.cnnic.cn/n4/2022/0401/c88-1132.html，访问日期：2021 年 9 月 15 日。

仍与农村地区存在差距，而农村家庭家长因其自身知识水平等方面对于信息选择能力与城镇家庭家长有些差距。据中国互联网络信息中心第53次《中国互联网络发展状况统计报告》显示，截至2023年12月，我国农村地区互联网普及率为66.5%，农村网民规模达3.26亿人，但城乡网民互联网使用能力差异依然突出。[①]

（三）城市教育资源并未通过网络下达农村

农村信息化建设仍处于初级发展阶段，大多为浅层次建设：基站、有线广播、无线广播、电话网等，而代表信息化水平的计算机网络建设较少，更不遑论教育资源。

案例 9-15

汉塘村小学开设有计算机课程，三年级以上进行计算机普及，每星期两节。主要教学生电脑的初级使用步骤、网页搜索、下载等。计算机教室有三十多台电脑，但有一半都坏了。每个教室都有多媒体教学系统，并且老师经过培训都会使用，有些教室多媒体坏了，没有修好。能用 APP 和 U 盘备课上课，也可以使用网络视频播放辅助教学，有的时候网络不正常，没有白板会不方便，也会使用粉笔板书。

案例 9-16

汉塘村小学疫情期间开过线上教学，但是教学效果较差。学校教师都基本掌握了多媒体教学技术，但教室多媒体网络的质量不好，很多电脑都是坏的，经常出问题，影响正常的教学，且在使用的网络教学的过程中，学生在学习的过程中也不太看得清楚投屏，使用网络上课的次数会比较少。

---

① 人民日报：《第53次〈中国互联网络发展状况统计报告〉发布　互联网激发经济社会向"新"力（大数据观察）》，https://www.cac.gov.cn/2024-03/25/c_1713038218396702.htm，访问日期：2024年3月25日。

从以上案例可以看出，村落小学的教学设备整体较为落后，学校虽安装有电脑等电子产品设备，但由于网络环境、设备故障、使用效果不好等问题，很少有教师愿意使用。互联网进村，使得许多老师都能基本掌握和使用多媒体教学系统，但对于电脑知识的传授还停留在初级阶段，主要教授电脑的基础性操作。

三、继承人还是反叛者

农家子弟因为在互联网快速发展的时代下成长，通过互联网获得各类知识的接收，不仅开阔了其视野，也对于其观念产生了强烈冲击。一方面，互联网带来新的生活方式，成为农家子弟争相尝试和模仿的对象，他们享受着现代生活的便利；另一方面，城乡之间依然在教育、医疗、就业等公共服务上存在较大差异，农家子弟难以获得平等的教育机会和社会资源，因而多数人仍旧只能继承父辈的生计模式和社会地位。

（一）底层地位的延续

农村家庭对子女教育的重视程度、村落教育资源与学习环境的限制等多重因素，使得农家子弟很难实现学历与能力上的提升。尽管我国一直在大力推行义务教育，并通过"全面改薄"工程改善偏远地区农村中小学基础教育状况，但农村相对落后的整体环境，决定了农家子弟在基础教育之后，很难获得进一步深造的机会，或者在取得高学历后也很难更好地适应城市生活。高学业背后一路上的艰辛曲折、内心的动荡不安、不为人知的困扰、精神世界的层层重压，成为农家子弟"跳出农门"后成长路径的真实写照。更多的农家子弟在互联网进村后，沉迷网络游戏与社交，成为"网瘾一代"或"问题学生"，在基础教育阶段与城市学生差距不断拉大，最终只能走上外出打工、回乡结婚和种地的"老路"。

（二）对父母既有生活模式的反叛

大多数农家子弟都选择向都市生活靠拢，不愿留在农村。随着越来越多的农家子弟走向城市学习或生活，打开了更为广阔的眼界，看到了城市生活的美好并对城市生活充满着向往，渴望在城里立足和安家立业。此外，农家子弟在经历教育知识熏陶与互联网传播下，更倾向于从事轻便、高效的脑力劳动以及优美的工作环境，而不愿从事像父母过于稳定但工作时间长、体能消耗大的体力劳动。都市生活相对于农村生活而言，其公共基础设施较为完善，提供的公共服务产品多样化，容易满足人的多样化需求，吸引农家子弟的靠拢。

案例 9-17

汉塘村小学教师 HDF 曾在外地教初中语文，他说，大环境的变化，让孩子在家长和老师面前都有不同的表现。目前，村中有许多年轻人返乡从事电商行业，有的已经在镇上或县城买了房子，但从业年龄、学历普遍较低，对孩子的教育存在一定的影响。木苗电商行业从业者的孩子会积极参与创收，对果苗的情况非常了解，会帮助大人育种、浇水、在网络上接单等，大人也会积极鼓励让孩子参与劳动。

通过案例我们可以看出，大多数农村青年会选择进城，在城市继承父母的底层地位，但依然延续家庭原有文化习惯，对下一代教育缺乏足够重视。那些回到农村从事电商的青年，往往也会将小孩作为劳动力资源，纳入家庭苗木生产工作。可见，进城青年和留守青年在子女教育上都缺乏有效引导的意愿和能力，要么完全依赖于学校教育，要么采取放任自流。尤其在电脑、手机等互联网终端逐步普及后，父母对子女网络使用行为缺乏引导和约束，加剧了子女受教育的困境。

小结：电商与村落教育

伴随着互联网进村，电商经济覆盖愈加广阔和教育环境不断改善的现实条件下，传统村落中的家庭教育必然面临冲击，家庭教育理念与行动的更新，在一定程度上对传统家庭教育的经验、模式和成效发起了挑战。

首先，为乡村社会经济发展注入新的发展活力与新鲜血液。汉塘村有着传统的培育苗木产业优势，电商平台为苗木产品打开了新的销路，使得许多村民返乡创业，依托互联网的优势发展电商经济。近几年来，随着电商经济发展越来越好，村民收入有了明显的增加，促进了村庄经济的发展，使汉塘村成为了名副其实的"淘宝村"。普遍较为富裕的家庭状况，使得许多农家子弟有机会接触电脑和智能手机等电子产品，进入网络世界。

其次，突破了乡村与外部世界的联系在地域与时间上的时空限制，促进了乡村信息的流通。互联网对乡村的影响是全方位的、多层次的，不仅影响乡村的生产生活、社会经济，也影响了乡村教育。一是网络普及与农家子弟教育环境。网络在乡村的普及，被认为是使得农家子弟与外界的联系更为紧密，但盲目和不加引导的网络使用，在一定程度上反倒将农家子弟教育环境变得更为复杂化，使得低端信息化的产生，不利于农家子弟的健康成长。二是农家子弟教育环境的变迁。相对传统教育而言，农家子弟的整体教育环境确实变得越来越开放，也兼具多样性选择，尤其是各种与消费、娱乐相关的外部信息更容易获取，但与教育、成长相关的信息乏人问津。三是村落小学与互联网时代。互联网时代的到来，拓宽了村落小学获取资源的途径和强化与外部世界的联系，也使得传统教育与互联网新式化信息教育发生了相互碰撞。

再次，电商产业发展所带来的村落互联网普及，对农家子弟的影响是弊大于利的。互联网为农家子弟提供了更为广阔的外部世界联系，以及更多的娱乐和学习机会，但缺乏合理引导的使用习惯，使得农家子弟在面临海量网络资源时，更多地选取满足自身娱乐需求的一面，由此造成娱乐与学习、虚拟交往与现实交往的矛盾。在家庭层面，由于家长自身对孩子学习情况和互联网使用方法均缺乏了解，导致孩子的互联网使用处于完全放任状态，容易被同辈群体使用习惯或网上诱导性游戏影响；在学校层面，乡村教师往往缺乏对手机、平板电脑等互联网终端合理使用的引导能力，为避免学生因网络游戏、观看视频和网上聊天而影响学业，只能采取禁止使用的"一刀切"方式来规范，由此又演变成教师与学生围绕互联网使用的"猫鼠游戏"；在村落层面，手机已经成为 10 ~ 14 岁青少年群体社会交往的重要工具，互联网游戏、视频分享、网上聊天是他们日常交往的重要内容，但由于对视频、游戏及网上信息的甄别能力不足与使用习惯自我约束能力限制，很容易造成整个交往群体的行为习惯偏差。

　　互联网对村落教育、农家子弟的影响是多维的，需要学校、家庭、社会、政府等各方面采取必要措施预防其弊端。一是不断完善村落教育的基础设施建设，向村落教育开放更多的教育资源，进一步减少城乡教育资源的差距。二是加强对农家子弟网络使用管理，家庭和学校要合理监督和正确引导农家子弟的网络使用。三是政府相关部门要加强对网络的监督和管理，完善相应的网络使用法律法规，营造风清气正的网络使用环境。

后　记

对汉塘村的研究，源自我与国强兄的一次偶然交谈。2021 年 6 月 3 日，送别我敬爱的学术导师秦红增教授后，师门在一起谈及未来的学术规划。国强兄说他很想将"线上非遗"这些前期论文整理成互联网人类学系列，问我是否有兴趣一起做，我自然是很乐意的。借助网络搜索，我注意到桂南钦州、梧州、玉林等地近年互联网电商发展很快，通过比对筛选，初步确定灵山县农村"电商第一村"——汉塘村为调研点，交由国强兄与灵山县政府对接后，我便带着韦玉妍、杨彪、袁玉丰三位硕士生下田野了。

汉塘村的调查，得到武利镇党委副书记钟源恒、汉塘小学校长符开华、广西"三好"农业负责人黄忠文的大力支持。从 6 月中旬到 8 月下旬，整整两个月时间，我们四人吃住在汉塘村小学，走入村落田间地头，累计访谈村民近 60 人。整个调研分三步走，第一步是向村干部了解村落苗木电商产业概况，制定面向农户的访谈提纲；第二步是选取若干典型农户，进行结构化访谈，并通过他们采取滚雪球方式拓展访谈对象；第三步是回到镇政府进行补充调查和政策资料搜集。

调研结束后，就是历时近一年的写作。期间，我又多次通过电话访谈、实地回访等方式，进一步补充搜集相关材料，以完善写作内容。具体章节写作分工如下：第一章，韦玉妍、方坤；第二、四章，方坤、袁玉丰；第三、五章，方坤、杨彪；第六、七、八、九章，方坤。牛超、田代春、肖乐、贺朝伟协助我进行了全篇统稿、校对工作。

特别感谢国强兄的大力支持，没有他给予的研究机会和牵线搭桥，这项研究是很难完成的。感谢汉塘村调研过程中，钟源恒、符开华、黄忠文、覃万强、黄定校、覃万晴、梁官图、梁远贤、黄忠辉、梁远波、梁远佳以及其他受访者的热情帮助，他们不仅为我提供了有关汉塘村苗木电商产业发展的诸多地方性知识，也让我看到了广西这篇土地上孕育的蓬勃希望。

我从 2018 年 6 月来到南宁，就一直跟随秦红增教授团队学习和研究。红增师、国强兄、银妹师姐在工作和生活中，给予我诸多指引和帮助，让我得以在这八桂大地迅速适应、快速成长。这项研究也是在他们三位的指导下，我们团队在乡村振兴研究中的一个阶段性成果。由于时间仓促、学力有限，书稿还存在诸多不足之处，这些问题都当由我负责。

方　坤

2024 年 12 月

图书在版编目（CIP）数据

互联网进村：广西灵山汉塘村苗木电商产业发展研究 / 方坤等著. -- 北京：民族出版社，2024.11.（乡村互联网系列丛书）. -- ISBN 978-7-105-17420-1

Ⅰ. F724.724-39

中国国家版本馆CIP数据核字第202479VT55号

互联网进村：广西灵山汉塘村苗木电商产业发展研究

策划编辑	陈　萱
责任编辑	陈　萱
封面设计	金　晔
版式设计	海龙视觉
责任印制	周　巍
出版发行	民族出版社
地　　址	北京市和平里北街14号
邮　　编	100013
网　　址	http://www.mzpub.com
印　　刷	北京中石油彩色印刷有限责任公司
经　　销	各地新华书店
版　　次	2024年11月第1版　2025年4月北京第1次印刷
开　　本	787毫米×1092毫米　1/16
字　　数	224千字
印　　张	14.25
定　　价	58.00元
书　　号	ISBN 978-7-105-17420-1 / F·502（汉394）

该书若有印装质量问题，请与本社发行部联系退换

编辑室电话：010-64228001　发行部电话：010-64224782